Marliese Walter

Feste feiern, wie sie fallen

Bräuche im Kirchenjahr

Agentur des Rauhen Hauses

Aus dem Inhalt: Feste und Bräuche

Vorwort

Feste sind ein Schatz im Leben. Sie unterbrechen den Alltag, schenken uns einen gesunden Rhythmus von Anspannung und Ruhepause. Sie schärfen unsere Wahrnehmung für besondere Ereignisse und Entwicklungen. So wie Familienfeste unverzichtbar sind, um die Verwandtschaft zusammenzuführen, so wichtig sind Feste, die von gemeinsamem Brauchtum herrühren, für die menschliche Gemeinschaft. Man denke nur an Weihnachten, das schon fast ein weltumspannendes Fest geworden ist.

Die Ausdrucksformen der überlieferten Brauchtumsfeste sind vielfältig, und doch finden sich immer wieder ähnliche Elemente: Festessen, oft mit besonderen jahreszeitlichen Gerichten, Geschenke, Umzüge und Märkte, Maskierung, Musik und Tanz, Freudenfeuer, Sänger, die von Haus zu Haus ziehen … Auf der anderen Seite gibt es große regionale Unterschiede, nicht selten kleinräumig, gar von Dorf zu Dorf.

Bräuche – weltliche wie religiöse – haben mit Identität zu tun. Gerade in unserer schnelllebigen Zeit – unter den Bedingungen von Globalisierung, wachsender Anonymität und Entwurzelung – werden Bräuche neu entdeckt. Sie stillen unsere Sehnsucht nach Beheimatung und Zugehörigkeit.

Natürlich haben auch Religionsgemeinschaften ihr eigenes Brauchtum entwickelt, um den Glauben im Leben zu verankern und zu feiern. Kirchenfeste mit ihren Bräuchen und Ritualen „verleiblichen" das Heilsgeschehen.

Religiöses Brauchtum hierzulande ist mitnichten einfach „christlich". Es hat antike, jüdische, heidnische, germanische oder keltische Wurzeln. Häufig erlebten vorgefundene Traditionen eine christliche Umdeutung und wurden in den liturgischen Kalender des Kirchenjahrs eingebettet. Andersherum ist bei manchen Bräuchen der ursprünglich christliche Bezug weitgehend verloren gegangen, wie etwa bei Weckmännern oder Ostereiern. Und manche sind so weit zur touristischen Folklore geworden, dass, wie etwa beim Almabtrieb, der einstige Inhalt hinter der farbenfrohen Fassade verschwunden ist. Hier möchte dieses Buch vergessene Wurzeln sichtbar machen.

Bisweilen sind uns Bräuche fremd geworden, weil sie für unser heutiges Empfinden die Grenze zum Aberglauben überschritten haben. Dies gilt beispielsweise für allerlei Rituale zum Fernhalten von Unglück oder Austreiben von Dämonen oder, besonders krass, das Verbrennen von menschenähnlichen Puppen als Fastnachtsbrauch. Hier tun sich immer wieder einmal Blicke in eine finstere Vergangenheit auf. Dennoch – oder vielleicht gerade deshalb – lohnt es sich, mehr über die Hintergründe zu erfahren.

Evangelische Christen tun sich manchmal schwer mit religiösen Bräuchen. Die Reformation hat zunächst alles „papistische Brauchtum" abgeschafft und ausschließlich heilsgeschichtliche Feste zugelassen. Mit der Zeit aber hat sich der Protestantismus manch alter Feste erinnert und eine ganze Reihe von Gedenktagen in seinen liturgischen Kalender aufgenommen. Freilich gibt es Grenzfälle wie Mariä Himmelfahrt oder Fronleichnam. Solche Feiertage sind und bleiben katholisch. Aber Protestanten könnten sie durchaus zum Anlass nehmen, ihr Verhältnis zur biblischen Maria oder zum Abendmahl zu überdenken. Oder sich einfach an der Fronleichnams-Blumenpracht erfreuen. Auch das ist ein Anliegen dieses Buches: Das Empfinden für die schönen Seiten von „katholischem" Brauchtum für evangelische Christen zu erschließen.

Natürlich können in diesem Buch nicht alle Bräuche mit ihren regionalen Besonderheiten aufgezählt werden. Diejenigen, die ich hier näher beschreibe, kenne ich aus eigenem Erleben, von Erzählungen meiner Eltern- und Großelterngeneration oder sie sind mir auf Reisen begegnet. Manche sind nur noch in der Erinnerung lebendig, andere werden inzwischen wiederentdeckt. Die meisten haben eine lange Tradition, einige aber sind noch jung: Daher führe ich zum Beispiel auch den Weltgebetstag der Frauen hier auf – denn hat sich nicht jeder Brauch, jedes Ritual irgendwann einmal eingebürgert ins Leben?

Zwei Dinge sind mir wichtig. Zum Ersten möchte ich einen Traditionsschatz bewahren und weitergeben. Oft wissen wir nicht mehr so recht, wo ein Fest seinen Ursprung hat, warum es so oder so gefeiert wird und welcher Sinn dahintersteckt. Zum Zweiten möchte ich in Erinnerung rufen, wie bedeutend Feste für unser Zusammenleben sind. Wo sonst finden wir vergleichbare Möglichkeiten, einander kennenzulernen und zu bereichern, Gemeinsamkeit zu feiern, uns auf den Weg zu begeben in Richtung „Einheit in Vielfalt"! Nicht zu vergessen die Vorfreude auf ein Fest: Sie versetzt uns in Spannung und begeistert uns, sie lässt uns gedanklich schon dort sein, wo sich das Fest ereignen soll. Vorfreude ist eine Lebenskraft.

Heben wir also den Schatz, der in unseren christlichen Festen mit ihren Bräuchen steckt!

Marliese Walter

Der

Weihnachtsfestkreis

Licht in der Dunkelheit

Die Adventszeit, der Auftakt des neuen Kirchenjahrs, ist zugleich die dunkelste Zeit des Jahres. Unsere Sehnsucht nach Licht findet ihren Ausdruck im Gedenken an drei Lichtgestalten – Barbara, Nikolaus und Lucia. Der Adventskranz lässt es jeden Tag ein wenig heller werden, bis der Christbaum im Lichterglanz erstrahlt. Das Silvesterfeuerwerk erhellt den Nachthimmel zum neuen Jahr, verbunden mit viel Getöse. Dann kehren wir mit den Heiligen Drei Königen, dem Stern folgend, wieder in der Stille zur Krippe ein.

Barbaratag – 4. Dezember

Der bekannteste Brauch rund um die Märtyrerin Barbara hat die konfessionellen Grenzen längst überschritten: Barbarazweige werden am Morgen des 4. Dezember von Obstbäumen geschnitten und im Warmen ins Wasser gestellt, damit sie bis Weihnachten voll erblühen. Geeignet sind Kirsche, Apfel, Pflaume, Birne, Flieder, Linde, Mandelbäume, Jasmin und Forsythie. Hintergrund ist eine Legende, wonach Barbara auf ihrem Weg ins Gefängnis mit dem Mantel einen Zweig streifte und abbrach, den sie dann ins Wasser stellte. An ihrem Todestag soll er aufgeblüht sein.

Die Blütenzweige symbolisieren den Glauben Barbaras, der zur Zeit der Christenverfolgung wunderbar erblühte, und erinnern an den Spross aus der Wurzel Isais (Jesaja 11,10), der auf Weihnachten verweist. Für uns sind die aufspringenden Knospen vor allem ein Bild der Hoffnung.

Eine Alternative zu den Barbarazweigen ist der sogenannte Barbaraweizen, der vor allem im katholisch geprägten Rheinland bekannt ist. Man sät Weizenkörner in eine Schale, pflegt die Saat und hofft, dass sie bis zum Weihnachtstag grünt. In die Mitte kann man eine Kerze als Zeichen für Christus platzieren. Oder man baut das grüne Feld zu Weihnachten in die Krippenlandschaft ein.

Barbara – Schutzpatronin der Bergleute

„Die du im Erdenschoße des Bergmanns starker Hort, / hör, Barbara, du Große, getreuer Knappen Wort." Solche und ähnliche Anrufungen gehen auf eine Barbaralegende zurück, wonach sich der Fliehenden ein schützender Felsspalt aufgetan habe. Im Ruhrbergbau trugen die Steiger Bergkittel mit 29 Knöpfen, da Barbara 29 Jahre alt geworden sein soll. In Gruben oder bei Tunnelbohrungen wurden sogenannte Barbaraschreine eingerichtet. Man findet sie sogar im neuesten Meisterwerk der Bergbau-Ingenieurskunst, dem Gotthard-Basistunnel. Dort fand nach der ersten Sprengung die Einsetzung einer Barbarastatue im Rahmen eines ökumenischen Gottesdienstes statt. Beim Durchstich 2010 wurde ein Barbarabildnis durch den Tunnel getragen. Heute steht es im Inneren, im Zugangsstollen von Sedrun.

Die Nikolausfigur geht zurück auf den griechischen Bischof Nikolaus, der in der ersten Hälfte des 4. Jahrhunderts in Myra – heute Demre in der Südwesttürkei – gewirkt hat. Die Legenden, die sich um Nikolaus ranken, erzählen immer wieder von Kindern oder jungen Menschen, die er zum Leben erweckt oder aus großer Not errettet hat, sodass Sankt Nikolaus durch das Brauchtum früh zum Kinderfreund ausgerufen wurde.

Zunächst war „der Nikolaus" der Geschenkebringer für Kinder. Die Reformation setzte dann alles daran, den Heiligen durch das Christkind zu verdrängen, und hat bei der Gelegenheit die Bescherung auf Weihnachten verlegt. Heute führen beide Geschenkebringer eine friedliche, ökumenische Koexistenz, ein jeder an seinem Tag – zum Vorteil der Beschenkten …

Wenn „der Nikolaus" kommt, bringt er traditionell Sack und Rute mit. Die Kleinen lassen sich noch beeindrucken vom tief dröhnenden „Bist du auch schön brav gewesen?" aus weißem Wattebart.

Tritt der Nikolaus persönlich nicht in Erscheinung, werden nur Schuhe oder einfach ein Teller vor die Tür gestellt, die sich über Nacht auf geheimnisvolle Weise mit Süßigkeiten füllen. Dieser sogenannte Einlegebrauch greift die Legende von den drei Jungfrauen auf, die der Heilige des nachts heimlich mit Goldklumpen beschenkt haben soll, um sie vor der Prostitution zu bewahren und ihnen eine standesgemäße Heirat zu ermöglichen.

Zu Nikolaus hat sich eine Legendenfigur gesellt, deren historische Wurzeln im Dunkeln liegen und die für ihr Äußeres und ihren rauen Charakter berüchtigt

Schild am Ortseingang von Nikolausdorf im niedersächsischen Landkreis Cloppenburg

ist: Knecht Ruprecht. Als Gegenpart des Himmelsboten Sankt Nikolaus steht er für die dunkle Seite des Menschen: ein bärtiger Mann, gelegentlich mit rußschwarzem Gesicht und bekleidet mit zotteligen Pelzen. Wo er auftritt, sind Sack und Rute seine Domäne.

Knecht Ruprecht mit seiner Doppelfunktion „Strafen und Beschenken" gibt es in vielen Erscheinungsformen; auch sein „Auftrittstermin" variiert von Region zu Region. In Mitteldeutschland taucht der raue Geselle seit dem späten 17. Jahrhundert im Gefolge des Christkinds auf. Andernorts kommt er allein am 5. Dezember oder eben am 6. Dezember als Begleiter des Nikolaus.

Sein ältester Name ist wohl „Beelzebub" – der biblische Teufel. So heißt er in der Eifel und an der Mosel. Man nennt ihn „Ascheklas" in Nordrhein-Westfalen, „Rumpel-" und „Kettenkloos" im Allgäu, „Krampus" in Österreich, „Schmutzli" in der Schweiz. Im „Pelzmärte(l)", wie der raue Geselle auf der Schwäbischen Alb und in Franken heißt, fließen die Gestalten von Ruprecht und Sankt Martin zusammen: „Märte" ist die Verkleinerungsform von Martin, und die Begriffe „Belz" oder „Pelz" gehen auf das mittelhochdeutsche „Pelzen" zurück, das so viel heißt wie „den Pelz ausklopfen", also verprügeln.

Das „Pelzen" – kombiniert mit dem Nikolaus – steckt auch im „Belzenickel" oder „Pelznickel". Unter diesem Namen ist Knecht Ruprecht am Mittelrhein, an der Saar und in der Pfalz unterwegs. Kindern vorbehalten ist ein Pfälzer „Heischebrauch": Mit geschwärzten Gesichtern schlüpfen sie in die Rolle des Belzenickel. Am Abend des 5. Dezembers ziehen sie von Tür zu Tür und „erheischen" Süßigkeiten, wenn sie singen: „Ich bin ein armer Sünder, / hab' 99 Kinder, / lasst mich nicht zu lange stehen, / denn ich muss noch weitergehen."

Zum Zeichen seiner Würde trägt der wahre Schoko-Nikolaus – im Unterschied zum gewöhnlichen Schoko-Weihnachtsmann – Bischofsmütze und Krummstab

*Draußen weht es bitterkalt,
wer kommt da durch den Winterwald?
Stipp-stapp, stipp-stapp und huckepack –
Knecht Ruprecht ist's mit seinem Sack.
Was ist denn in dem Sack drin?
Äpfel, Mandeln und Rosin'
und schöne Zuckerrosen,
auch Pfeffernüss' fürs gute Kind;
die andern, die nicht artig sind,
die klopft er auf die Hosen.*

Martin Boelitz

Ruprecht und die Perchten

Die Herkunft des Namens „Ruprecht" ist nicht eindeutig geklärt. Eine sprachliche Wurzel liegt im germanischen „rûhperht", was „raue Percht" bedeutet. Die Sagengestalt „Frau Perchta", in vielen Gegenden besser bekannt als „Frau Holle", zeichnet sich ebenfalls dadurch aus, dass sie bestraft, aber auch belohnt. Noch heute kennt man „Perchten" als winterliche Umzugsgestalten mit wilden Masken, manchmal gehörnt, die besonders in den Raunächten zwischen Weihnachten und Epiphanias (s. S. 26) herumgeistern.

11

Luciatag – 13. Dezember

Lucia war eine Zeitgenossin der heiligen Barbara und wie sie eine christliche Märtyrerin. „Lucia" kommt aus dem Lateinischen und heißt „die Lichtvolle". Daher findet man auf Luciabildnissen als Heiligenattribut Kerzen, Fackeln oder Lampen.

Einen einmaligen Luciabrauch gibt es im oberbayerischen Fürstenfeldbruck: das „Lucienhäuschen-Schwimmen", früher „Lichterschwemmen" genannt. In Erinnerung an ein katastrophales Hochwasser Ende des 18. Jahrhunderts, als die Bewohner in ihrer Not die Heilige anriefen und der Wasserpegel daraufhin wieder fiel, werden noch heute selbst gebastelte Papphäuser auf Holzbrettchen zu Wasser gelassen. Mit bunten Fenstern aus Transparentpapier und von brennenden Kerzen erleuchtet, treiben die Häuschen in der Lucianacht die Amper stromabwärts.

Manches ähnelt den Barbarabräuchen, so der Lucienweizen: Am 13. Dezember sät man Weizenkörner auf einen Teller aus, Heiligabend wird der grüne Teppich in die Krippenlandschaft eingebaut. Früher ritzte man Kreuzzeichen in einen Weidenstamm und band abgeschnittene Zweige auf die Einkerbungen. Je nachdem, ob am 1. Januar die Lucienzweige angewachsen waren oder nicht, wurde das neue Jahr als gutes oder schlechtes Erntejahr gedeutet.

Jacobello del Fiore, „Die Heilige Lucia verteilt ihren Besitz an die Armen", Detail aus dem Lucienaltar im mittelitalienischen Fermo, um 1410

Lucienhäuschen auf der Amper in Fürstenfeldbruck, Oberbayern

*Schwer liegt die Finsternis
auf unseren Gassen,
lang hat das Sonnenlicht
uns schon verlassen.
Kerzenglanz strömt durchs Haus,
sie treibt das Dunkel aus;
Santa Lucia, Santa Lucia.*

*Groß war die Nacht und stumm.
Hörst du's nun singen?
Wer rauscht ums Haus herum
auf leisen Schwingen?
Schau, sie ist wunderbar,
schneeweiß mit Licht im Haar:
Santa Lucia, Santa Lucia.*

*Nacht zieht den Schleier fort,
wach wird die Erde,
damit das Zauberwort
zuteil uns werde.
Nun steigt der Tag empor,
rot aus dem Himmelstor:
Santa Lucia, Santa Lucia.*

Aus dem Schwedischen überliefert

Luciafest in der Kirche von Vaxholm an der schwedischen Ostseeküste

Lucia in Schweden

Wir wissen nicht, welchen Weg die Geschichte der Lucia von ihrem Geburtsort Syrakus in Süditalien bis nach Nordeuropa genommen hat, doch gerade in den skandinavischen Ländern, insbesondere in Schweden, spielt das Luciafest eine große Rolle. Es gibt Lichterprozessionen, die häufig bei Kindergärten, Krankenhäusern oder anderen sozialen Einrichtungen haltmachen und in der Kirche ihren Abschluss finden. Am bekanntesten ist sicherlich der Brauch in schwedischen Familien, nach dem sich die älteste Tochter am Morgen des 13. Dezembers als Lucia verkleidet. Sie trägt eine Lichterkrone auf dem Kopf und weckt ihre Angehörigen mit einem Frühstück – wohl in Erinnerung an die Heilige, die sich mit Körben voller Lebensmittel in die Verstecke ihrer Glaubensgenossen geschlichen haben soll.

Der Adventskranz

Die Sehnsucht nach Licht in der Dunkelheit hat auch den Adventskranz hervorgebracht. Eingeführt hat ihn Johann Hinrich Wichern, der Theologe und Erzieher aus Hamburg und Begründer des Rauhen Hauses. Um die vorweihnachtliche Ungeduld der Waisenkinder, die er aufgenommen hatte, zu zähmen, baute er einen Holzkranz aus einem alten Wagenrad. Darauf steckte er vier große weiße Kerzen für die Sonntage und 20 kleinere rote für die Werktage. Täglich wurde eine Kerze angezündet, sodass die Kinder die Tage bis Weihnachten zählen konnten. Die Anzahl der weißen Kerzen variiert, je nachdem, auf welchen Wochentag Heiligabend fällt.

Der Kranz selbst steht durch das Kreissymbol für Vollkommenheit; ohne Anfang und Ende, symbolisiert er auch Christus, der vor aller Zeit schon war und bis in alle Ewigkeit sein wird. Die immergrünen Tannenzweige versinnbildlichen ewiges Leben. Die Kerzen sind Ausdruck des zunehmenden Lichtes, bis mit der Geburt Jesu das Licht der Welt erscheint.

Aus Wicherns Idee hat sich unser heutiger Adventskranz mit vier roten Kerzen entwickelt. Ursprünglich war er also im Protestantismus beheimatet. Erst 1925

Ob klassisch selbst gemacht, modern oder verspielt – vier Kerzen müssen es sein. Heute stehen sie auch oft in einer Reihe, das passt besser auf Fensterbänke und Regale

wurde der erste Adventskranz in Köln in einer katholischen Kirche aufgehängt. Die Konfessionsgrenzen hat er dann schnell überschritten und findet sich längst auch bei Menschen, die keiner christlichen Kirche angehören. Aus der klassischen Form mit Tannengrün und roten Kerzen, eventuell begleitet von Schleifen in den liturgischen Farben Violett, Rot, Rosa oder Weiß, sind aufwendige Gestecke geworden. Eins aber bleibt immer gleich: Vier Kerzen für die vier Adventssonntage, wenn Weihnachten langsam heranrückt.

Frautragen

Ein ländlicher Brauch, der noch heute in manchen katholischen Regionen in Bayern, Baden, Tirol, der Steiermark und dem Salzburger Land gepflegt wird, ist das „Frautragen". Entstanden ist er Ende des 16. Jahrhunderts. Ein Bildnis von Mariä Heimsuchung oder der Herbergssuche von Maria und Josef wird entweder in der ganzen Adventszeit oder in den letzten neun Tagen vor dem Christfest von Haus zu Haus getragen. „Wir suchen eine warme Kammer für eine Mutter und ihr Kind, / die ausgewiesen in den Jammer und überall vertrieben sind." Mit diesen Worten bitten die Träger und Trägerinnen um Aufnahme des Bildnisses für eine Nacht. Die Gastgeberin antwortet: „Komm, Herr Jesus, komm herein, wir wollen deine Herberge sein."

Vor dem Bildnis halten die Anwesenden eine kurze Andacht. Anschließend bleiben alle noch in gemütlicher Runde beisammen. In der Christnacht wird das Bild in die Kirche getragen, nach dem Gottesdienst kehrt es an den Ausgangsort zurück – bis zum nächsten Jahr.

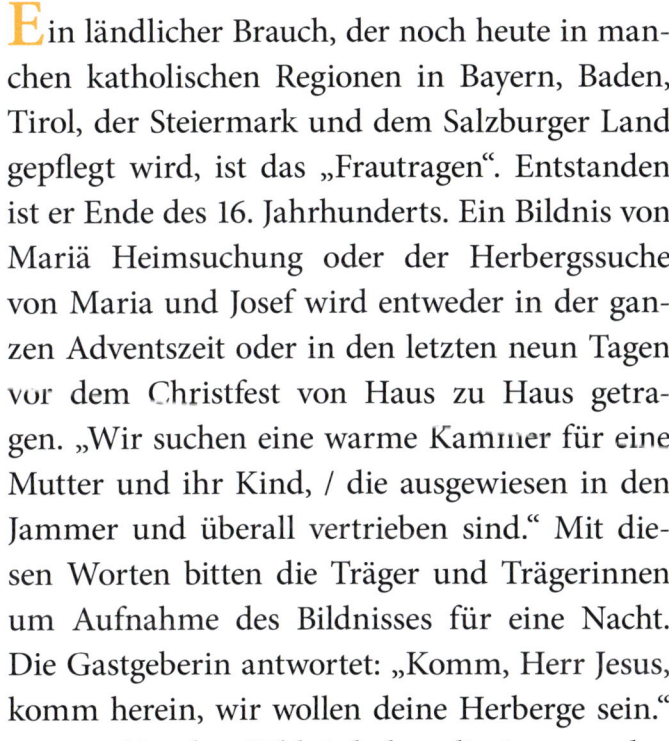

Bilder dieser Art wandern beim „Frautragen" feierlich von Haus zu Haus. Michael Rieser, „Am Abend vor Christi Geburt", 1869

Der Weihnachtsmarkt

Was wäre die Vorweihnachtszeit ohne Weihnachtsmarkt! Zwar zählt er nicht zum religiösen Brauchtum, aber er stimmt doch aufs Weihnachtsfest ein und steigert die Vorfreude. Weihnachtsmärkte gibt es schon seit dem 14. Jahrhundert. Der vermutlich älteste, als Nikolaimarkt 1310 in München urkundlich erwähnt, ist zugleich der größte Christkindlmarkt. Händler und Handwerker – Korbflechter, Töpfer, Spielzeugmacher oder Holzschnitzer – bauten auf den Marktplätzen ihre Stände auf und verkauften ihre Waren.

Fürs leibliche Wohl sorgten Zuckerbäcker mit Leckereien wie gerösteten Kastanien, Mandeln, Nüssen und Gebäck. Ebenso bekannt sind der Dresdner Striezelmarkt und der Nürnberger Christkindlesmarkt, der seine Ursprünge in einem Wochenmarkt hat und im frühen 17. Jahrhundert entstand. In neuerer Zeit hat sich ein reger Weihnachtsmarkt-Tourismus entwickelt. Doch Kommerz hin oder her, kalten Füßen und Gedränge zum Trotz: Mit Glühwein in der Hand, Weihnachtsliedern in den Ohren und Lebkuchenduft in der Nase wird es uns so richtig warm ums Herz.

Weihnachtspyramide auf dem Dresdner Striezelmarkt. Weihnachtspyramiden sind seit dem Mittelalter bezeugt. Ausgangspunkt waren einfache Lichtergestelle, in deren Mitte ein senkrechter Stab mit einem Flügelrad an der Spitze platziert wurde. Daran befestigte man Teller, die wiederum mit Figuren besetzt wurden. Die erzgebirgische Holzschnitzerei hat die Weihnachtspyramide in aller Welt bekannt gemacht, doch auch in Brandenburg war sie verbreitet, und im frühen 19. Jahrhundert war sie in Hamburg ein beliebterer Weihnachtsschmuck als der Christbaum. Seit etwa 100 Jahren wird sie auch im Freien aufgestellt

Am 24. Dezember erreicht die vorweihnachtliche Geschäftigkeit ihren Höhepunkt. Erst mit den Weihnachtsglocken der Kirche werden Ruhe und Besinnlichkeit eingeläutet.

Ganz in der jüdischen Tradition – aus dem Urwissen, dass die Schöpfung aus dem Dunkel kam – beginnt das Weihnachtsfest am Abend des 24. Dezember, dem Heiligen Abend. Die Heiligabendgottesdienste zählen heute zu den am besten besuchten Gottesdiensten des Kirchenjahres in den christlichen Großkirchen.

Da der Heilige Abend noch in die adventliche Fastenzeit gehört, gibt es traditionell nur ein einfaches Essen. Früher war es Sitte, dass am Esstisch ein Platz für den Menschen ein-gedeckt wurde, der aus der Familie zuletzt verstorben war. Am Heiligen Abend empfängt und macht man keinen Besuch, erst am eigentlichen Weihnachtstag, dem 25. Dezember, treffen sich Verwandte und Freunde zum Festessen oder zum Kaffee.

Weihnachten ist das Fest, das alle Menschen, ob mit oder ohne religiösen Hintergrund, berührt. Die „Nacht der Herrlichkeit" spricht all unsere Sinne an. Wir leben Gemeinschaft, essen zusammen, lassen uns vom Lichterglanz verzaubern, hören oder singen die vertrauten Weihnachtslieder und überreichen Geschenke.

Die Krippe im Stall

Als „Erfinder" der Weihnachtskrippe gilt der heilige Franz von Assisi. Um den Gläubigen die Weihnachtsbotschaft näherzubringen, zog er 1223 aus dem Kloster Greccio hinaus in eine Höhle im Wald. Dort platzierte er eine Futterkrippe, stellte Ochs und Esel dazu und verlas das Weihnachtsevangelium. Auch ein liturgisches Weihnachtsspiel ist erstmals mit der Krippendarstellung in Greccio belegt.

Im Barock wurden Krippenszenen in die heimische Umgebung eingepasst. Figuren trugen die ortsübliche Tracht. Hauskrippen wurden zum gehüteten Familienschatz. Heute finden die Kinder meist an Heiligabend eine fertig bestückte Weihnachtskrippe vor. Eindrücklicher ist der schöne Brauch, die Krippenszene nach und nach zu „bevölkern". Am ersten Advent wird die Krippenlandschaft aufgebaut. Dann kommen Tiere und Hirten hinzu, und erst an Heiligabend bezieht die Heilige Familie den Stall. So können alle Schritt für Schritt die Weihnachtsgeschichte erleben und sich auf das Fest einstimmen.

Conrad von Soest, „Christi Geburt", Detail aus dem Passionsaltar in der Stadtkirche St. Nikolaus, Bad Wildungen, 1403. Ein apartes Detail ist der fürsorgliche Josef, der nicht wie gewohnt passiv dabeisteht, sondern für die ruhende Maria ein Feuer entfacht

Wo kommen Ochs und Esel her?

Wer in der klassischen biblischen Weihnachtsgeschichte nach Lukas – „Es begab sich aber zu der Zeit ..." – nach Ochs und Esel sucht, wird sich fragen, weshalb die beiden dort gar nicht erwähnt werden, obwohl sie doch zu jeder Weihnachtskrippe unbedingt dazugehören. Schon in den frühesten Krippendarstellungen sind sie zu sehen. Tatsächlich gibt es einen biblischen Bezug. Es ist ein Wort des alttestamentlichen Propheten Jesaja: „Ein Ochse kennt seinen Herrn und ein Esel die Krippe seines Herrn" (Jesaja 1,3).

Geschenktipp zu Weihnachten

Schenke groß oder klein,
aber immer gediegen.
Wenn die Bedachten die Gaben wiegen,
sei dein Gewissen rein.

Schenke herzlich und frei.
Schenke dabei,
was in dir wohnt
an Meinung, Geschmack und Humor,
sodass die eigene Freude zuvor
dich reichlich belohnt.

Schenke mit Geist ohne List.
Sei eingedenk,
dass dein Geschenk –
du selber bist.

Joachim Ringelnatz

Geschenke

In bäuerlichen Gegenden war es früher Brauch, den Tieren ab Heiligabend bis Dreikönig besondere Futterrationen zu geben. In den Obstgärten wurden Bäume mit Futterringen für die Vögel hergerichtet. Damit verbunden war das Versprechen, die Tiere auch im kommenden Jahr gut zu behandeln. Die ganze Kreatur sollte Anteil an der Festfreude haben.

Im Mittelpunkt des Heiligen Abends steht fraglos das Schenken. Die Reformation rief das Christkind zum Gabenbringer für die Kinder aus. In dem Maße, in dem das Weihnachtsfest zunehmend als Familienfest verstanden wurde, hielten auch Geschenke unter den Erwachsenen Einzug. Auch die Gaben der Weisen aus dem Morgenland wurden als Zeichen für Gottes- und Nächstenliebe verstanden.

Ein wichtiger Brauch zu Weihnachten ist die Weihnachtspost mit Segenswünschen und Grüßen an Verwandte und Bekannte. Dieses Aneinanderdenken ist eine besondere Form des Schenkens, die etwas vom Fest der Liebe in die Welt tragen will.

Eigentlich hatte Moritz von Schwind mit „Herrn Winter" eine Allegorie der kalten Jahreszeit im Sinn, als er 1848 seinen Holzschnitt für die im Bürgertum weitverbreiteten Münchener Bilderbogen schuf. Äußerlich dem Nikolaus ähnlich, entwickelte sich in der Folge dessen volkstümlicher Bruder, der Weihnachtsmann

Der Christbaum

Zu Hause einen Nadelbaum aufzustellen, ist ein relativ junger Brauch. Die ersten Weihnachtsbäume im 16. Jahrhundert zierten Ratsstuben, Zunfthäuser und Kirchen. Im Straßburger Münster ist der erste Christbaum für das Jahr 1539 belegt. Ab Ende des 18. Jahrhunderts hat er dann die Wohnstuben der Familien erobert. In Goethes „Leiden des jungen Werther" löst ein aufgeputzter Baum „mit Wachslichtern, Zuckerwerk und Äpfeln … paradiesisches Entzücken" aus.

In evangelischen Gegenden werden die Christbäume üblicherweise nach Epiphanias abgeschmückt, in katholischen ist es Brauch, sie bis Mariä Lichtmess am 2. Februar stehen zu lassen. Die ausgedienten Weihnachtsbäume werden noch heute im Alpenraum am Sonntag nach Fastnacht in sogenannten Funkenfeuern verbrannt oder bis zum Osternachtsfeuer aufbewahrt.

Stephanstag – 26. Dezember

Nur 24 Stunden nach dem Geburtsfest Jesu gedenken wir des ersten Märtyrers, der für seinen Glauben gestorben ist. Schon um das Jahr 40 – wahrscheinlich das Todesjahr des Stephanus – wurde erkennbar, wohin die Christusnachfolge führen kann, wenn man sie in radikaler Überzeugung und Hingabe lebt. Stephanus, ein gläubiger und vom Heiligen Geist erfüllter Mann, wurde in der stetig wachsenden Urgemeinde zum Diakon gewählt, um die Apostel zu entlasten. Er erlitt den Märtyrertod durch Steinigung, nachdem man ihn der Gotteslästerung bezichtigt hatte.

Im Brauchtum zum Stephanstag finden sich heute hauptsächlich noch Segnungen. Pferde, Hafer, Rotwein, Wasser und Salz werden in Gottesdiensten geweiht, besonders in Bayern. Das Salz mischt man dann am Stephanstag dem Futter der Tiere bei, damit sie gesund bleiben. Der Rotwein steht für das Blut des Erzmärtyrers, und man gibt einen kleinen Stein zur Erinnerung an die Steinigung hinein.

In Württemberg und Westfalen war es früher üblich, am Stephanstag zur Rückbesinnung auf das biblische Diakonenamt Brot an die Armen zu verteilen. Auch zogen Kinder singend von Haus zu Haus und erbaten Gaben.

Tag der Unschuldigen Kinder – 28. Dezember

Der Kindermord von Bethlehem ist eine der grausigsten Geschichten des neuen Testaments. Als Herodes vom neugeborenen König erfährt, lässt er alle Knaben bis zum Alter von zwei Jahren töten. Maria und Josef werden durch einen Engel gewarnt und können rechtzeitig nach Ägypten fliehen.

Bis ins Mittelalter standen am 28. Dezember die Kinder im Mittelpunkt. Die Welt verkehrte sich für einen Tag: Kinder hatten das Sagen, durften ungestraft ihre Meinung kundtun und wurden von ihren Paten beschenkt. In Bayern etwa gab es für die Mädchen eine Lebkuchenfrau, für die Buben einen Lebkuchenreiter. Im Rheinland nannte man den 28. Dezember auch Versöhnungstag. Streit und Feindseligkeiten mussten nach dem Gottesdienst in einer Feierstunde im Rathaus beigelegt werden.

Silvester – 31. Dezember

Am letzten Tag des Kalenderjahres, benannt nach Papst Silvester, der am 31. Dezember 335 starb, werden Bräuche gepflegt, die teils in vorchristliche Zeiten zurückreichen. Wer mit Böllern und Feuerwerk das neue Jahr begrüßt, knüpft unwissentlich an den alten Aberglauben unserer heidnischen Vorfahren an, dass möglichst viel Lärm am Jahresende böse Geister fernhalte. Der Orakelbrauch des Blei- oder Wachsgießens gehört zu altem Volksglauben. Ein traditionelles Festessen im Familien- oder Freundeskreis ist der Silvesterkarpfen. Er steht für Glück, Ausdauer, Mut und Zielstrebigkeit – lauter Eigenschaften, die wir alle uns für das neue Jahr wünschen.

Jedes Brauchtum hat seine Geschichte. Bald schon 40 Jahre alt ist die Aktion „Brot statt Böller", eine von Christen initiierte Alternative zum üblichen Silvestertreiben. Nach dem Motto „Teilen macht Freude" wird nicht alles Geld „verpulvert", sondern ein Teil davon für Bedürftige gespendet. Natürlich hat die Aktion engagierten Christen den Ruf frommer Spaßbremsen eingetragen. Doch geht es ihnen nicht darum, anderen die Freude zu verderben, sondern an (wiederum) andere zu denken, die es nicht so gut haben.

Ein paar Böller weniger, und wir können sogar wieder die Kirchenglocken hören, die den Jahreswechsel einläuten. Das Glockengeläut ruft noch einmal in Erinnerung, was die Jahresschlussgottesdienste am Abend in den Mittelpunkt stellen: Gott fürs vergangene Jahr zu danken und ihn um sein Geleit ins neue Jahr zu bitten.

Guten Rutsch!

Um Mitternacht stoßen die Feiernden mit Sekt an und wünschen einander einen „Guten Rutsch" ins neue Jahr. Die Herkunft von „Rutsch" ist umstritten. Eine der Deutungen führt den Begriff aufs hebräische „rosch" zurück, das „Anfang" bedeutet. Sich einen „guten Anfang" zu wünschen macht jedenfalls mehr Sinn, als ins nächste Jahr zu rutschen.

Was spricht das Orakel fürs neue Jahr? Der Sektgenuss beflügelt die Fantasie, wenn das Blei im Wasser zu bizarren Formen erstarrt ist. Eine Reise zu den Pinguinen? Warnt ein Schwert vor schweren Kämpfen? Verheißt ein Küken Kinderglück? Im Zweifel gilt: Jeder sieht, was er sehen will

Weniger ist mehr: An der Schwelle zum neuen Jahr muss auch noch Platz sein für einen Moment der Besinnung

Neujahr – 1. Januar

Den Neujahrstag kennt das Christentum schon lang als Buß- und Fastentag. Das neue Jahr hatte man frisch gewaschen zu begrüßen; oft gehörte das Tragen neuer Kleidung dazu. Überliefert ist auch hier eine Vielzahl von Bräuchen, die teils weit in die Antike zurückreichen oder einer schlichten Volksfrömmigkeit entspringen.

Neujahrsbesuche waren mit dem Verschenken von Neujahrsgebäck verbunden, im Rheinland „Neujährchen" genannt. Zum Kringel geformt, symbolisiert das Backwerk den Jahreskreis; ein Zopf unterstreicht das unauflösliche Miteinander der menschlichen Gemeinschaft. Als Neujahrsmitbringsel werden auch Glückssymbole verwendet: der Marienkäfer mit sieben Punkten, der im Mittelalter der Muttergottes zugeordnet war; der Glückspfennig, kleiner Bruder des Tauftalers oder des Weihgroschen, der vor Lug und Betrug schützen und dafür sorgen soll, dass einem das Geld nicht ausgeht; der Schornsteinfeger, der den Kamin freihielt und so die Feuergefahr bannte und der traditionell zum Jahresbeginn seine Rechnung vorlegte. Kinder gingen von Haus zu Haus, sagten Segenssprüche auf und holten sich eine Belohnung ab.

Erstaunlich, aber wahr: Auch klassische „Glücksbringer" wie Schornsteinfeger und Marienkäfer haben ihre Wurzeln in der christlichen Tradition

Ein kleines Büblein bin ich und wünsche kurz, doch innig ein glückliches Neujahr. Gesundheit, Freude, Frieden sei euch von Gott beschieden für heut und immerdar.

Überliefert

Zum neuen Jahr

Wie heimlicherweise
Ein Engelein leise
Mit rosigen Füßen
Die Erde betritt,
So nahte der Morgen.
Jauchzt ihm, ihr Frommen,
Ein heilig Willkommen,
Ein heilig Willkommen!
Herz, jauchze du mit!

In ihm sei's begonnen,
Der Monde und Sonnen
An blauen Gezelten
Des Himmels bewegt!
Du, Vater, du rate!
Lenke du und wende!
Herr, dir in die Hände
Sei Anfang und Ende,
Sei alles gelegt!

Eduard Mörike

Raunächte

Die zwölf Nächte zwischen dem 25. Dezember und dem 6. Januar kennt das weihnachtliche Brauchtum unter dem Begriff „Raunächte". „Rau" bezieht sich auf das „raue" Winterwetter, aber auch auf „Rauch". In früheren Zeiten pflegte man Altäre, Kirchen, Herrschafts-, Amts- und Rathäuser mit Weihrauch auszuräuchern und mit Weihwasser zu besprengen. Heute weiß man, dass Weihrauch desinfizierend wirkt – damals war man vor allem darauf aus, Geister und Dämonen zu bannen. Die Volksfrömmigkeit hat den alten Germanenglauben aufgenommen, Wotan und sein wildes Gefolge jagten in den Raunächten durch die Lüfte.

Bis heute hat sich das Ausräuchern von Wohnräumen und Stallungen durch den Hausvater an Dreikönig im Alpenraum erhalten, und noch heute ziehen in den Raunächten vermummte Burschen mit Masken und Zottelpelzen umher. Diese sogenannten „Perchtenläufe" gibt es heute noch in Oberbayern, Kärnten, Tirol und dem Salzkammergut.

Historische Perchtenmasken aus dem Salzburger Land

Wenn der römische Kaiser triumphal in eine Stadt einzog, dann war diese „Epiphanie" – seine „Erscheinung" – Anlass zu einem Fest, von dem man sich Gnade erhoffte. So feiern die Christen seit dem 4. Jahrhundert am 6. Januar die

Heilige Drei Könige an einem Wohnhaus in der Dreikönigstraße im rheinland-pfälzischen Speyer

Erscheinung des Herrn oder: die Epiphanie Gottes in Gestalt seines Sohnes. Der Festinhalt verlagerte sich hin zur Anbetung des neugeborenen Königs durch die Sterndeuter, von denen der Evangelist Matthäus ausführlich erzählt. Es sind gelehrte Heiden, die als Erste vor Jesus niederknien und ihm huldigen, wie es einem König gebührt. Die mittelalterliche Volksfrömmigkeit hat aus ihnen drei Könige gemacht – freilich nicht ganz ohne Rückbezug auf die Bibel. Psalm 72,10 spricht vom Friedensfürst und seinem Reich: „Die Könige von Tarsis und auf den Inseln sollen Geschenke bringen, die Könige aus Saba und Seba sollen Gaben senden."

Die Könige vertreten die drei im Mittelalter bekannten Kontinente: Asien, Europa und Afrika. Auch stehen sie für die drei Lebensalter Jüngling, Mann und Greis. Ihre Gaben haben ebenfalls symbolische Bedeutung: Gold steht für Unveränderlichkeit, Liebe und göttliches Licht, Weihrauch für die zum Himmel aufsteigenden Gebete, Myrrhe wegen ihrer Bitterstoffe für Leiden und Tod des Herrn.

Der bekannteste (katholische) Brauch rund um Epiphanias/Dreikönig ist das Sternsingen, das mit einem Heischebrauch aus dem 16. Jahrhundert in Verbindung

Brauchtum am Dreikönigstag, von oben rechts im Uhrzeigersinn: Singen von Dreikönigsliedern – Hausweihe – Bezeichnen der Tür – Dank an die Sternsinger. Zeitgenössischer Holzstich, um 1890

gebracht wird. Bettelvolk, arbeitslose Handwerker, Soldaten und Kinder zogen damals singend von Haus zu Haus und baten um Gaben.

Heute gehen die Sternsinger als orientalische Könige verkleidet und mit dem Stern voran durch die Straßen, um Wohnungen und Häuser zu segnen und Gaben für Hilfsprojekte zu sammeln. Sie werden dazu in Gottesdiensten beauftragt und ausgesendet. Auch vor dem Kanzleramt und dem Schloss Bellevue in Berlin machen sie nicht halt. Auf den Türsturz der Hauseingänge oder an die Haustüren schreiben sie mit geweihter Kreide „C + M + B + 18" (für das Jahr

2018). Hinter den Buchstaben verbergen sich sowohl die Königsnamen Caspar, Melchior und Baltasar als auch die lateinische Inschrift „Christus mansionem benedicat": Christus segne dieses Haus. Die drei Kreuze stehen für die Dreifaltigkeit Vater, Sohn und Heiliger Geist.

Da Jesus geboren war zu Bethlehem in Judäa zur Zeit des Königs Herodes, siehe, da kamen Weise aus dem Morgenland nach Jerusalem und sprachen: Wo ist der neugeborene König der Juden? Wir haben seinen Stern aufgehen sehen und sind gekommen, ihn anzubeten.

Matthäus 2,1-2

Von Caspar zu Kasper

Eine Wurzel des Sternsingerbrauchs wird in den mittelalterlichen Dreikönigsspielen vermutet. Die wiederum haben ihren Ursprung in einer Prozession, die Rainald von Dassel an seinem Bischofssitz Köln initiierte, nachdem er 1164 die Königsreliquien als Kriegsbeute aus Mailand mitgebracht hatte. Drei als Könige verkleidete Männer folgten dem vorangetragenen Stern von Bethlehem bis in den Vorgängerbau des Kölner Doms, wo eine Messe gefeiert wurde. Die Dreikönigsspiele sollten die Wundertätigkeit der Heiligen zur Aufführung bringen. Im Volk waren sie sehr beliebt – zumal König Caspar mit seiner dunklen Haut aus der Rolle fiel und mit der Zeit Züge eines Spaßvogels verliehen bekam. Es war nur eine Frage der Zeit, bis Caspar aus dem heiligen Bezirk auf den Marktplatz auswanderte und dem Kasperletheater seinen Namen gab.

Antoniustag – 17. Januar

Antonius der Große war ein Einsiedler und Mönchsvater, der vermutlich um 356 in einer Einsiedelei im heutigen Ägypten gestorben ist. Auf Heiligenbildern ist ihm oft ein Schwein zur Seite gestellt – zahlreiche Legenden erzählen von den Versuchungen des Teufels, der sich ihm immer wieder in Gestalt eines Schweins genähert habe.

Der ursprüngliche Bettelorden der Antoniter beruft sich auf den Heiligen und hat sich vor allem der Krankenpflege verschrieben. Zur Ernährung der Patienten hielten sie Schweine, sogenannte Antoniussäue. Diese trugen häufig eine Glocke um den Hals, durften frei herumlaufen und mussten von allen gefüttert werden. Wurde am Antoniustag eins der Schweine geschlachtet, verteilte man das Fleisch an Arme. Auch Kassler und Schweinskopfsülze standen auf dem Speiseplan. Antoniusbrot oder -brötchen aus Weizenmehl galten als heilkräftig und wurden auch ans Vieh verfüttert. Die karitative Tradition lebt heute im In- und Ausland in Vereinen und Initiativen fort, die unter dem Namen „Antoniusbrot e. V." Suppenküchen und Tafeln unterhalten.

Das Antoniusfeuer

Am Antoniustag geweihtes „Antoniuswasser" gab man Kranken, um sie vom „Antoniusfeuer" zu heilen. Diese oft tödlich verlaufende Erkrankung, die vor allem im mittelalterlichen Westeuropa auftrat, hielt man lange Zeit für eine Seuche, die der heilige Antonius als Strafe auferlegen konnte. Heute weiß man, dass es sich dabei um eine Mutterkornvergiftung handelte. Heilung erhofften die Menschen des Mittelalters auch durch die andachtsvolle Betrachtung von Antoniusbildwerken. Eines der berühmtesten ist der Isenheimer Altar von Matthias Grünewald, entstanden zwischen 1513 und 1516, der für die Spitalkapelle des Isenheimer Antoniterklosters bestimmt war. Auf einem Altarflügel mit den Versuchungen des heiligen Antonius sieht man am Bildrand einen an „Antoniusfeuer" erkrankten Menschen mit den typischen Symptomen der Mutterkornvergiftung.

Mariä Lichtmess – 2. Februar

Lichtmess – bei Tag ess" lautet die Faustregel, nach der früher in Handwerk und bei Heimarbeiten künstliches Licht nicht mehr benötigt wurde, weil die dunkle Jahreszeit deutlich auf dem Rückzug war. So begannen an Lichtmess auch im bäuerlichen Leben die Feldarbeiten. Das Gesinde bekam seinen Jahreslohn ausbezahlt, und wer sich verändern wollte, konnte nun die Stelle wechseln. Oft hatten Gesellen und Lehrlinge am Montag nach Lichtmess einen freien Nachmittag, Lichtblaumontag genannt. Angeblich reicht unser Begriff „blaumachen" in diese vorindustrielle Zeit zurück.

Mit Mariä Lichtmess, heute „Darstellung des Herrn" genannt, geht die weihnachtliche Lichtsymbolik zu Ende. Auf Wachsmärkten und Licht(er)messen kauften die Menschen früher die Kerzen, die sie im noch jungen Jahr für die Knotenpunkte des Lebens benötigen würden – Taufe, Hochzeit, Sterben. Die Kerzen wurden geweiht, und es gab und gibt vor allem im alpenländischen Raum Lichterprozessionen in der Kirche. Gelegentlich werden dort noch Kripperl-Verabschiedungen begangen und ein letztes Mal erklingen Weihnachtslieder. Im Erzgebirge hat sich die Lichtmessvesper gehalten, die mit dem Auslöschen der Weihnachtsbeleuchtung und einem anschließenden Festessen feierlich beendet wird.

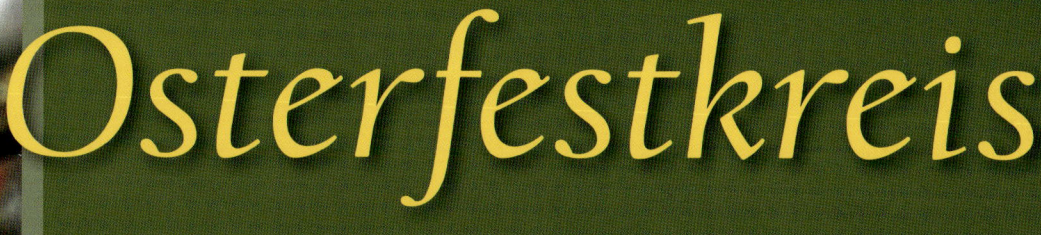

Der Osterfestkreis

Der Sonne entgegen

In der ersten Hälfte des Kalenderjahres spiegeln die im Ursprung meist ländlichen Traditionen das Warten auf den Frühling wider: So wurzelt das derb-volkstümliche Fastnachtsbrauchtum im Austreiben des Winters. Der christliche Hintergrund tritt erst mit der Passionszeit und dem Osterfest wieder klar zutage, wenn die zentralen letzten Stationen auf dem Lebensweg Jesu nachgezeichnet werden. Doch auch hier feiern wir heute noch spürbar das Wiedererwachen der Natur. Himmelfahrt und Pfingsten begleiten uns in den Sommer.

Valentinstag – 14. Februar

Der Valentinstag hat einen zwiespältigen Ruf. Er gilt als Erfindung geschäftstüchtiger Floristen. Tatsächlich gedachte man schon im alten Rom an diesem Tag der Juno, Schutzgöttin für Ehe und Familie, und ehrte Frauen mit Blumen. Als christlicher Namenspatron gilt (unter mehreren Heiligen dieses Namens) Bischof Valentin, der an einem 14. Februar den Märtyrertod erlitten haben soll, weil er heimlich Paare christlich getraut und mit Blumen aus dem eigenen Garten beschenkt hatte.

Auf den 14. Februar fiel ursprünglich das Fest der Darstellung des Herrn/Mariä Lichtmess (s. S. 31), das sich mit der gregorianischen Kalenderreform im 16. Jahrhundert aber auf den 2. Februar verschob. Damit wurde der 14. „frei" – jedoch nicht ganz, denn er blieb geprägt vom alten liturgischen Prozessionsgesang „Schmücke dein Gemach, Zion, und empfange den König Christus". Erhalten blieb also das Thema der Ankunft des Bräutigams, an das die verschiedenen Bräuche rund um Freundschaft und Verliebtsein am „Vielliebchentag", wie der Valentinstag früher hieß, andocken konnten. So trafen sich in den Hansestädten des Mittelalters Zünfte, Kaufleute und Seefahrer am 14. Februar zu einem freundschaftlichen Festmahl.

Der Valentinstag ist also mehr als nur eine Erfindung des Einzelhandels. Natürlich haben Blumengeschäfte und die Geschenkeindustrie großen Anteil an der Belebung des 14. Februar – aber sich gegenseitig Zuneigung zu bekunden und anderen Gutes zu tun, ist durchaus christliche Lebensart. Sogar die christlichen Kirchen haben sich neu auf den Valentinstag besonnen. In Gottesdiensten können sich Liebende segnen lassen, sich gegenseitig den Segen Gottes zusprechen und ihren Dank und ihre Bitte für eine lebendige Beziehung vor Gott bringen.

Vogelhochzeit

Der Valentinstag, wie wir ihn heute kennen, hat seine Ursprünge im England des 14. Jahrhunderts. Ein höfisches Liebesfest aus der Regierungszeit von König Richard II. hieß „Vogelhochzeit". Nach altem Volksglauben meinte man, dass am Valentinstag die Wildvögel beginnen, sich zu paaren. Unser altes Volkslied „Ein Vogel wollte Hochzeit machen" hängt damit zusammen. Man schrieb sich anonyme Liebesbriefe und verschenkte Blumen. Von England aus gelangten diese Bräuche mit Auswanderern in die Neue Welt und hielten nach dem Zweiten Weltkrieg auch in Deutschland Einzug. 1950 fand in Nürnberg der erste Valentinsball statt.

Karneval, Fasnet, Fasching

Das Fastnachtstreiben kann man in Deutschland grob in vier Regionen unterteilen. Da gibt es die „Alaaf-Gegend" zwischen Köln (seit 1779) und Aachen mit dem Karneval; das „Helau-Land" von Düsseldorf rheinaufwärts bis Mainz und Umgebung mit der Fastnacht; die schwäbisch-alemannische Fasnet vom Bodensee bis in den Schwarzwald; und in München, das vorwiegend auf der Straße feiert (seit 1762), und im sonstigen deutschsprachigen Raum spricht man vom Fasching.

Alemannische Fasnet: Narren mit Ratschen in Rottweil

Für die närrische Zeit gibt es viele Namen und unzählige Bräuche. Auch wann sie beginnt, variiert von Region zu Region. Einig ist man sich nur in einem: Am Aschermittwoch, dem Beginn der Fastenzeit vor Ostern, ist alles vorbei.

Das Wort „Fastnacht" leitet sich vom mittelhochdeutschen Wort „vastnaht" ab und meint ursprünglich nur den Vorabend des Aschermittwochs. Das Wort „Karneval" ist erst seit dem 17. Jahrhundert bekannt. Es geht möglicherweise aufs mittellateinische „carne levare" („Fleisch wegnehmen") zurück, aus dem der Volks-

Das Bohnenfest ist ein Rollenspiel, bei dem die Welt auf den Kopf gestellt wird. In einen Kuchen wird eine Bohne eingebacken, und wer sie findet, regiert einen Tag lang als Bohnenkönig. Der närrische König mit seinem „Reich auf Zeit", zu dem das Festessen, Spiel und Gesang gehören, deutet schon in Richtung Karneval. Der Kirche war das Bohnenfest wegen seiner Ausschweifungen und Spottlieder immer ein Dorn im Auge. – Jakob Jordaens, „Das Fest des Bohnenkönigs", um 1645

Ein lustiger Hut – mehr braucht es nicht, um im Kölner Karneval mittendrin dabei zu sein

mund „carnelevale" gemacht hat. Dass der Karneval am 11.11. um 11 Uhr 11 beginnt, mag manchen Narren als uralte Tradition vorkommen, stammt aber erst aus dem 19. Jahrhundert.

Sitzungskarneval und Maskenbälle, der „eigentliche" Karneval, fangen an Dreikönig an, dem Termin für das Bohnenfest, das noch heute vor allem in Frankreich und in der Schweiz gefeiert wird. Manche Karnevalsvereine haben es auch hierzulande wiederbelebt; ansonsten haben sich Spuren davon in Redewendungen erhalten: etwa wenn uns etwas „nicht die Bohne" interessiert; im Südhessischen und im Pfälzischen findet man „Bohnensimpel" für Dummkopf; und wenn ein Hamburger sagt: „Du hest wohl grote Bohnen freten", dann meint er „Rosinen im Kopf".

Fastnachtsähnliche Bräuche und Feste gab es schon in vorchristlicher Zeit, oft im Zusammenhang mit Winteraustreiben und Frühlingsanfang. Dazu gehörten ausgelassene Spiele, Tänze, Umzüge, die Aufhebung von Standesunterschieden, arbeitsfreie Tage und der reichliche Genuss alkoholischer Getränke. Kirche und Obrigkeit haben immer wieder versucht, das wilde Treiben zu bändigen. Die Chronik der freien Reichsstadt Speyer erwähnt „das Unwesen der Fastnacht" erstmals im Jahr 1296. Es hatte wohl Schlägereien zwischen Bürgern und Bediensteten des Klerus gegeben. In protestantisch geprägten Gegenden war die Fastnacht zeitweise verboten, das Brauchtum hat sich aber immer wieder Bahn gebrochen.

Das schwäbisch-alemannische Fastnachtstreiben entwickelte sich im Spätbarock und Rokoko. Die Narren finden sich in örtlichen Narrenzünften zusammen. Ihre Masken, meist aus dem nicht harzenden Lindenholz handgeschnitzt, werden im Allgäu „Larven", im Württembergischen „Schemen" genannt. Zentren der Maskenschnitzerei waren Schwarzwald, Oberschwaben, Allgäu und Tirol. Die

Maskerade bleibt Jahr für Jahr gruppentypisch dieselbe, das Gewand wird in den Familien weitervererbt. Die Narren stellen Hexen, Tod, Teufel und Dämonen dar und sehen meist entsprechend wild und Furcht einflößend aus. Jede Maske hat ihren individuellen Charakter. Viel Lärm mit Rasseln, Ratschen, Schnarren, Stöcken und Pritschen ist die Begleitmusik.

Am Aschermittwoch dann kommt das jähe Ende. Die Fastnacht wird begraben oder ausgekehrt. Im Schwäbisch-Alemannischen werden die Geldbeutel ausgewaschen. Drastischer geht es zum Beispiel in Köln zu: Dort macht man dem „Nubbel", einer bekleideten Strohpuppe, den Prozess, anschließend wird er verbrannt – ein beliebter Kneipen-Event am Veilchendienstag. Der Brauch fußt auf der archaischen Vorstellung, dass man mit dem Nubbel alle im Karneval begangenen Sünden mitverbrennt.

Inbegriff für traditionelles Backwerk an Fastnacht ist der „Berliner", der in Berlin und Umgebung „Pfannkuchen" heißt

Aschermittwoch

Nach biblischer Überlieferung hat Jesus vor Beginn seines öffentlichen Wirkens 40 Tage lang gefastet (Matthäus 4,2). Dies entspricht etwa der Dauer des vorösterlichen Fastens, das am Aschermittwoch beginnt. Früher wurden die Gläubigen an diesem Tag im Gottesdienst mit Asche aus verbrannten Palmzweigen vom Vorjahr bestreut. Seit dem 10. Jahrhundert zeichnet der Priester den Gläubigen ein Aschekreuz auf die Stirn – ein Zeichen für die Vergänglichkeit des Lebens und Mahnung zur Umkehr.

Im Mittelalter waren übers Jahr verteilt über 100 Fastentage vorgeschrieben – Anlass genug, kulinarische Schlupflöcher zu suchen. Gemäß dem rheinischen Sprichwort „Wer schon fasten muss, soll wenigstens gut essen" ersann man fantasievolle Kochrezepte und förderte die Fischzucht. Auch die Erfindung der Maultaschen im schwäbischen Zisterzienserkloster Maulbronn, „Herrgottsbscheißerle" genannt, hat hier ihren Ursprung.

Fasten kommt vom althochdeutschen „vasten" und bedeutet „festmachen": Woran mache ich mein Leben fest? Aus früher aufgezwungener Enthaltsamkeit haben sich heute Formen des freiwilligen Fastens entwickelt – auch unter Protestanten.

Asche und violette Stola für den Aschermittwochsgottesdienst

Kunst und Kirche

Der „Aschermittwoch der Künstler" geht zurück auf eine Initiative des katholischen Dichters Paul Claudel nach dem Zweiten Weltkrieg in Paris. Heute wird dieser Tag in mehr als 100 Städten auf der Welt begangen. Kunstschaffende empfangen im Gottesdienst, mitunter in ökumenischer Liturgie, das Aschekreuz. Anschließend besuchen sie Vorträge und Diskussionsveranstaltungen, in denen es um die Standortbestimmung von Kirche und Kunst geht. Oft werden auch Spenden für notleidende Künstler gesammelt.

„Sieben Wochen ohne"

Vor 35 Jahren wurde die Fastenaktion „Sieben Wochen ohne" von einer Runde evangelischer Theologen und Journalisten ins Leben gerufen, an der sich inzwischen alljährlich mehr als zwei Millionen Menschen beteiligen. Dabei geht es im Wesentlichen um die Besinnung auf das, was im Leben wirklich wichtig ist. Durch bewussten Konsumverzicht übt man Solidarität mit den Benachteiligten in der Welt.

Keine Angst vor der Fastenzeit!
„Fasten" heißt nicht unbedingt, beim
Essen zu darben, sondern meint den
bewussten Verzicht auf Dinge, die im
Übermaß nicht guttun

Weltgebetstag der Frauen

Informiert beten – betend handeln": Das ist das große Motto des Weltgebetstags, der in 170 Ländern immer am ersten Freitag im März gefeiert wird. Zum ökumenischen Gottesdienst sind auch Männer und Kinder eingeladen.

Die Liturgie wird jedes Jahr von Frauen eines anderen Landes erarbeitet. Darin kommen die Sorgen und Nöte, die Wünsche, Hoffnungen und Freuden der Frauen und damit auch die politischen Verhältnisse zur Sprache. Der Gottesdienst ist eingebettet in Informationen über das jeweilige Land, seine Kultur und Traditionen.

Ihren Ursprung hat diese weltweit größte ökumenische Laienbewegung von Frauen in einem Gebetstag für die innere Mission, der Ende des 19. Jahrhunderts in Nordamerika ausgerufen wurde. Methodistinnen führten 1927 in Deutschland zum ersten Mal einen Weltgebetstag durch, seit 1970 sind auch römisch-katholische Frauenverbände beteiligt. Nach der Liturgie feiern alle Beteiligten beim gemeinsamen Essen mit landestypischen Speisen den Abschluss des Tages. Die Kollekte geht üblicherweise an die nationalen Komitees und wird für Frauenprojekte verwendet.

Die Karwoche

In früherer Zeit stand die Karwoche ganz im Zeichen der Leidenszeit Jesu. Die Gläubigen sollten Jesus mit Herz und Seele auf seinem schweren Weg ans Kreuz begleiten, vom Einzug in Jerusalem am Palmsonntag bis zu seinem Tod am Karfreitag und der Grabesdunkelheit am Karsamstag.

Das alte Wort „Kar" bedeutete „Klage, Trauer". In der Kar- und Osterwoche gab es früher keine Gerichtsverhandlungen und keine Schuldeneintreibung. Es war die Zeit für Begnadigungen und Freilassungen. Feste, Tanzen, Jagdveranstaltungen und Lärmen jeder Art waren untersagt.

Passions- und Kreuzwegandachten sind mittlerweile auch in der evangelischen Kirche eine verbreitete Form, die Passionszeit zu begehen. Oft sind es ökumenische Aktionen unter reger Beteiligung von Ehrenamtlichen. Man stellt das Leiden Jesu in Bezug zu Kreuzen, die heute in der Welt von Menschen zu tragen sind, etwa durch Armut oder politische Unterdrückung. So stehen neue Formen des Kreuzwegs unter Überschriften wie „Kreuzweg für den Frieden", „Kreuzweg der Schöpfung" oder „Kreuzweg der Gefangenen", oder es werden soziale Brennpunkte in der eigenen Stadt in den Blick genommen.

Palmsonntag

Die Karwoche beginnt mit dem Palmsonntag, dem sechsten Fastensonntag. Palmzweige – in unseren Breiten ersetzt zum Beispiel durch Buchsbaumzweige – erinnern an den Einzug Jesu in Jerusalem. In der katholischen Tradition sind sie ein wichtiges Requisit am Palmsonntag. Der Gottesdienst beginnt mit der Palmweihe und der Palmprozession.

So entstanden vor allem im Süden Deutschlands die kunstvollen Palmen oder Palmbuschen. Man lässt sie entweder bis Karsamstag, bis Pfingsten oder bis zum ersten Gewitter nach Palmsonntag vor dem Haus stehen. Früher trugen die Bauern Palmzweige als Segenssymbol auf ihre frisch gepflügten Äcker oder man steckte Zweige in den Herrgottswinkel, die Schlafstube oder die Ställe.

Als am nächsten Tag die große Menge, die aufs Fest gekommen war, hörte, dass Jesus nach Jerusalem kommen werde, nahmen sie Palmzweige und gingen hinaus ihm entgegen und schrien: Hosianna! Gelobt sei, der da kommt in dem Namen des Herrn, der König von Israel!

Johannes 12,12-13

*Palmsonntagsprozession mit Palm-
buschen in Neuötting, Oberbayern*

In alten Handschriften fanden sich Anweisungen zur
Herstellung von Palmbuschen. Alles ist hier festgelegt:
die Farben der Eier, Bänder und Tragestangen, die
Anzahl der Kreise oder Ellipsen, die zwölf Hölzer (Ho-
lunder, Buchsbaum, Palmkätzchen, Föhre, Eichen- oder
Buchenlaub, Stechpalme, Wacholder, Thuja, Berberitze,
Haselnuss, Eibe, Sefe/Sadebaum), das Grünzeug und
schließlich das Kreuz als Krönung

Das letzte Abendmahl in einer unkonventionellen Darstellung, Glasfenster in der Kathedrale St. Michael und St. Gudula, Brüssel. Anstelle der niedergeschlagenen Mienen traditioneller Bilder sehen wir sanft lächelnde Gesichter. Man beachte auch die zwei Frauengestalten. Judas schleicht sich schon mit seinem Geldbeutel davon

Und er nahm das Brot, dankte und brach's und gab's ihnen und sprach: Das ist mein Leib, der für euch gegeben wird; das tut zu meinem Gedächtnis. Desgleichen auch den Kelch nach dem Mahl und sprach: Dieser Kelch ist der neue Bund in meinem Blut, das für euch vergossen wird!

Lukas 22,19-20

Gründonnerstag

Christen feiern den Gründonnerstag etwa seit dem 5. Jahrhundert. Seinen Namen leitet man vom mittelhochdeutschen Wort „gronan" ab, was so viel bedeutet wie „betrübt sein", „greinen". Die „Greinenden" waren diejenigen, denen eine Buße auferlegt worden war und die erst am Gründonnerstag wieder in die kirchliche Gemeinschaft aufgenommen wurden.

Obwohl der Gründonnerstag also nichts mit der Farbe „Grün" zu tun hat, wird traditionell „Grünes" gegessen. Auch „Grünes säen" hat eine lange Tradition: Aussäen oder

Pflanzen von Blumen, Kohl und Kräutern. In der Volksfrömmigkeit erhoffte man sich davon besonderen Segen für Fruchtbarkeit und Gedeihen. Andere Knechtsarbeit, Waschen und Backen waren in der ganzen Karwoche verboten. Über die an diesem Tag gelegten Eier freute man sich besonders, sie wurden sorgsam aufbewahrt und als Ostereier verwendet.

Gründonnerstag ist der Gedenktag für die Einsetzung des Abendmahls. Wenn Jesus nach dem Evangelienbericht während des traditionellen jüdischen Passamahles das Brot bricht, kündigt sich an, was tags darauf auf Golgatha geschieht. Beim Abendmahlsgottesdienst am Gründonnerstag verstummen nach dem Gloria die Orgel und die Glocken. Erst im Ostergottesdienst erklingen sie wieder. In katholischen Kirchen wird der Altar entblößt, aller Blumenschmuck entfernt, das Kreuz und die Altarbilder mit violetten Tüchern verhüllt.

Ein alter Ritus im Gründonnerstagsgottesdienst ist die Fußwaschung an zwölf ausgesuchten Männern. Sie stellten die Jünger dar, der Priester war stellvertretend für Jesus. Anschließend gab es eine Speisung der Armen oder eine Brotspende. Papst Franziskus hat den Brauch wieder bekannt gemacht und tut diesen Dienst in Gefängnissen und in Heimen, an Jungen und Alten, Gesunden und Kranken.

Am Gründonnerstag isst man traditionell „Grünes", zum Beispiel eine Suppe aus Wildkräutern, die jung gepflückt am besten schmecken

Jesus aber wusste, dass ihm der Vater alles in seine Hände gegeben hatte und dass er von Gott gekommen war und zu Gott ging – da stand er vom Mahl auf, legte seine Kleider ab und nahm einen Schurz und umgürtete sich. Danach goss er Wasser in ein Becken, fing an, den Jüngern die Füße zu waschen und zu trocknen mit dem Schurz, mit dem er umgürtet war.

Johannes 13,3-5

Karfreitag

Der Karfreitag ist ein Tag des Rückzugs, der Stille und Besinnung. Öffentliche Tanzveranstaltungen sind in den meisten deutschen Bundesländern noch immer gesetzlich verboten.

Für evangelische Christen ist der Karfreitag der höchste Feiertag des Kirchenjahres und einer der wichtigsten Abendmahlstage. In der katholischen Tradition wird am Karfreitag u. a. der Kreuzweg gebetet, eine Andacht, in der die Gläubigen symbolisch den Leidensweg Jesu betend mitgehen können.

Mit dem Karfreitag verknüpft sind die Kalvarienberge, die vor allem während der Gegenreformation entstanden. Da Jerusalem – das vorrangige Pilgerziel der Katholiken – für die meisten unerreichbar war, baute man die heilige Stadt zu Hause nach. Ein steiler Pfad führt an Kreuzwegstationen entlang auf den Gipfel eines Bergs, auf dem Jesu Hinrichtungsstätte Golgatha mit der Kreuzigungsszene nachgebildet ist. Später hielten diese Kreuzwege Einzug in die Kirchen: Als Bilder hängen die einzelnen Stationen an den Wänden.

Karsamstag

Auch der Karsamstag ist ein Tag der Stille. Jesus ist „hinabgestiegen in das Reich des Todes", wie das Apostolische Glaubensbekenntnis sagt. Es ist ein kurzer Tag, denn der Abend zählt liturgisch schon zum Ostersonntag; mancherorts werden jetzt schon die großen Osterfeuer entfacht. Ein eigenes Brauchtum hat der Karsamstag nicht entwickelt. Es ist ein Tag des „Nicht mehr" und „Noch nicht": Christus ist gestorben, aber noch nicht auferstanden. Für seine Jünger muss es ein Tag der Verunsicherung gewesen sein. War Jesus nun ein normaler Mensch, war mit seinem Tod doch alles vorbei? Oder durfte man seiner Prophezeiung glauben? Die kirchliche Tradition sieht für den „stillen Samstag" Fasten und Gebet vor. Für Katholiken ist es der einzige Tag des Jahres ohne Eucharistiefeier.

Wir können den Tag mit eigenen Inhalten füllen. Wer ist Jesus für uns? Der gute Hirte, ein Stein des Anstoßes, Therapeut oder Revolutionär? Unsicherheit und Ungewissheit – gehört das nicht auch zum Christsein? Wir können unseren Glauben auf den Prüfstand stellen – nicht um ihn zu verlieren, sondern um ihn neu zu gewinnen.

Die barocke Kalvarienberggruppe von Schrattenthal im österreichischen Weinviertel aus dem Jahr 1730 liegt weithin sichtbar auf einer Anhöhe südwestlich des Ortes

Gefesselt, gequält, verhöhnt, abgemagert: Der steinerne Jesus auf dem Weg zur Hinrichtung steht auf eindringliche Weise für viele, deren Schicksal wir in der Passionszeit bedenken. Figuren des Kalvarienberges von Saint-Thégonnec in der Bretagne, 17. Jahrhundert

45

Das Osterfest

Die Feier der Osternacht ist das älteste Fest im Kirchenjahr und schon ab dem 2. Jahrhundert bekannt. Für Christen ist es das Fest der Feste – ohne Ostern, ohne die Auferweckung Jesu, schreibt Paulus im 1. Korintherbrief, ist aller Glaube nutzlos. Viele Gemeinden versammeln sich nachts oder am frühen Morgen und entfachen ein Osterfeuer, an dem dann die Osterkerze entzündet wird. Am Licht der Osterkerze wiederum werden nach und nach die Kerzen der Gläubigen in der dunklen Kirche angezündet. So wird spürbar: Jesus ist unser Licht, das die Finsternis besiegt hat. Manchmal werden die Kerzen auf die Gräber der verstorbenen Angehö-

Osterfeuer in Ahlbeck, Usedom. Die großen Osterfeuer, die an Stränden, auf Feldern und Hügeln entfacht werden, sind die „große Version" der kirchlichen Osterfeuer. Oft haben sie sich weitgehend verweltlicht, werden von örtlichen Vereinen oder der Freiwilligen Feuerwehr ausgerichtet. Was bleibt, ist die gemeinschaftsstiftende Funktion

Lachen in der Kirche

Im Mittelalter durften die Gläubigen ihrer Osterfreude mit dem Osterlachen auch in der Kirche Ausdruck geben. Die Kanzel wurde zur Bühne, und der Pfarrer hielt eine launige Predigt in Versform oder erzählte Witze. Alles, was die Menschen zum Jubeln über Jesu Sieg über den Tod brachte, war erlaubt. Nur wurden die Witze mit der Zeit immer derber, und es geschah, was immer geschieht, wenn über die Stränge geschlagen wird: Im 16./17. Jahrhundert wurde das Osterlachen vielerorts verboten, und die lange Tradition geriet in Vergessenheit. Heute wird es in manchen Kirchen wiederbelebt.

*Traditionelles selbst
gebackenes Osterlamm*

*Sorbische Ostereier aus der
Lausitz, in Wachstechnik
kunstvoll verziert. Früher
wurden die Eier am Karfreitag bemalt, da diese Tätigkeit
nicht als Arbeit galt*

rigen gebracht, auch dies ein Zeichen für den Glauben an die Auferstehung.

Nach dem Festgottesdienst treffen sich Groß und Klein zum gemeinsamen Osterfrühstück mit Osterzöpfen, -eiern und gebackenen Lämmern – einem typischen Christussymbol.

Ostereier

Osterbrauchtum ist nicht immer „original" christlich. Das Ei zum Beispiel ist in vielen Kulturen vor allem als Fruchtbarkeitssymbol bekannt. Die Germanen opferten der Frühlingsgöttin bunt gefärbte Eier, auch Chinesen, Ägypter und Perser verschenkten bevorzugt rot gefärbte Eier zum Frühlingsfest. Das christlich umgedeutete Osterei – ein wie tot wirkender Gegenstand, aus dem neues Leben entsteht – symbolisiert die Auferstehungshoffnung.

Im Mittelalter entrichteten Bauern an Ostern mit Zinseiern die fällige Pacht. Die vielen Eier, die die Hühner gerade im Frühjahr legten, galten als „flüssiges Fleisch", unterlagen also den Speiseverboten der Fastenzeit. Die in der Karwoche eingesammelten Eier wurden durch Kochen haltbar gemacht. Von gefärbten Eiern, die im Gottesdienst gesegnet und verschenkt wurden, wird im deutschen

Sprachraum erstmals im 12./13. Jahrhundert berichtet. In Armenien gab es diesen Ritus bereits in frühchristlicher Zeit. Rot gefärbte Eier waren besonders gebräuchlich, da die Farbe an Jesu Opfertod erinnert.

Kinder zogen von Haus zu Haus, sangen Lieder oder sagten Reime auf: ein Heischebrauch mit dem Ziel, mit Eiern beschenkt zu werden. Wettspiele rund um hart gekochte Eier, wie Eierlaufen, Eiertitschen und Eierpecken, sind weit verbreitet, und das Eiersuchen ist für viele Familien der Höhepunkt des Osterfestes.

Ein schöner Brauch zu Ostern ist der Osterstrauß. In eine Vase werden Forsythien oder andere früh blühende Zweig gesteckt und mit bunten Ostereiern behängt – möglichst zwölf an der Zahl. Die Zwölf steht für Vollkommenheit, denn Jesus Christus hat sein Erlösungswerk vollendet.

Im Osterbrunnen verbinden sich Blumen- und Eierschmuck. Er ist erst seit dem frühen 19. Jahrhundert belegt. Ausgehend von der Fränkischen Schweiz hat sich die Sitte, zu Ostern den Dorfbrunnen herauszuputzen, schnell in ganz Süddeutschland verbreitet und vereinzelt auch den hohen

Wer bringt die Ostereier?

Traditionell wird Kindern weisgemacht, dass die Ostereier vom Osterhasen versteckt werden. Er ist wohl die umstrittenste österliche Symbolfigur, aber er hat sich in unseren Breiten durchgesetzt – gegen den Hahn, der in Sachsen die Eier brachte, ebenso wie der Storch im Elsass, der Fuchs in Hessen und der Kuckuck in der Schweiz. In der Symbolik steht der Hase für Fruchtbarkeit und Zügellosigkeit und wurde daher von der Kirche immer wieder geächtet. Andererseits taucht er auch gelegentlich als Dreifaltigkeitssymbol auf.

Dreihasenfenster im Innenhof des Kreuzgangs im Paderborner Dom, Anfang 16. Jahrhundert

Norden erreicht. Woher dieser Brauch kommt, ist nicht eindeutig auszumachen. Einiges spricht dafür, dass man lediglich um touristische Attraktionen bemüht war. Aber im Osterbrunnen steckt doch eine tiefere Wahrheit: die Freude über das kostbare Gut Wasser, das alles frisch und neu macht und so mit der österlichen Freude korrespondiert.

Ostermontag

Zu den höchsten christlichen Festen Ostern, Pfingsten und Weihnachten gehört je ein zweiter Feiertag, ein „Überbleibsel" der traditionellen Arbeitsruhe nach einem Hochfest, die ursprünglich eine Woche lang dauerte. Das Brauchtum am Ostermontag ist entscheidend geprägt vom Evangelientext an diesem Feiertag, der Emmausgeschichte. Zwei Jünger gehen nach den schrecklichen Ereignissen in Jerusalem in das Dorf Emmaus. Bedrückt unterhalten sie sich über das Ende ihres geliebten Meisters Jesus am Kreuz. Da gesellt sich ein Mann zu ihnen, der ihnen zunächst zuhört und dann die Schrift auslegt. Erst beim Brotbrechen in Emmaus erkennen die Jünger, dass der, der sie begleitet hat, der Auferstandene ist.

Aus dieser Geschichte entwickelten sich für den Ostermontag verschiedene Formen des Unterwegsseins. Noch im 19. Jahrhundert gab es Feldumgänge und Osterritte.

Heute üblich ist der Emmaus- oder Osterspaziergang. Er beginnt üblicherweise bei der Pfarrkirche und endet bei einer Kapelle in der näheren Umgebung. In Süddeutschland, Westfalen und Österreich wird dieser Brauch noch gepflegt, in Gestalt eines besinnlichen Spaziergangs oder einer Prozession mit Gesang und Gebet.

Weißer Sonntag

Mit „Dominica in albis" – dem Sonntag in weißen Gewändern – endet die Osteroktav, die acht Tage umfassende Osterzeit ab dem Ostersonntag. Für katholische Christen ist es üblicherweise der Tag der feierlichen Erstkommunion. In der Urkirche trugen die in der Osternacht Getauften am Sonntag nach Ostern zum letzten Mal ihre weißen Taufkleider – daher der Name. Die weißen Kleider stehen für Reinheit und das Neugeborensein in Christus durch die Taufe.

Historisches Taufkleid

Die evangelische Liturgie nimmt Bezug auf den Namen des Sonntags: „Quasimodogeniti", zu Deutsch „Wie die neugeborenen Kindlein". Er leitet sich vom 1. Petrusbrief 2,2 ab: „Seid begierig nach der lauteren Milch wie die neugeborenen Kindlein", wobei „Milch" für das Wort Gottes steht. In vielen evangelischen Gemeinden wird an diesem Tag die Konfirmation gefeiert. Das Ja der Konfirmierten ist die Antwort auf Gottes Ja bei der Taufe und macht den Zusammenhang zwischen Taufe und Konfirmation sinnfällig.

Von Jesus sieht man nur noch die Füße – auf den ersten Blick mag diese Himmelfahrtsdarstellung etwas erheiternd wirken, doch sie beschränkt sich auf das Wesentliche: Wo er hingeht, bleibt dem menschlichen Blick verborgen. Seine Gefährten auf Erden recken die Arme nach ihm. Was sichtbar zurückbleibt, sind nur seine Spuren: die Fußabdrücke auf dem Berg. Textilarbeit aus dem Kloster Convento de las Dueñas in Salamanca, Spanien

Christi Himmelfahrt

Der Aufstieg des Herrn, die Rückkehr Christi als Sohn Gottes zu seinem Vater im Himmel, war schon im 4. Jahrhundert als Hochfest bekannt. Die Entrückung Christi ist in der Bibel in anschaulichen Bildern erzählt und wurde in der bildenden Kunst vielfach dargestellt, übersteigt aber dennoch die menschliche Vorstellungskraft. Daher hat es nicht an Versuchen gefehlt, dieses unerhörte Ereignis anschaulich zu machen. In vielen Kirchen wurde im Gottesdienst eine Christusfigur mithilfe einer Seilwinde ins Gewölbe hochgezogen. Anschließend regnete es bisweilen Blumen oder brennendes Werg von oben herab – im Vorgriff auf Pfingsten, wodurch der Zusammenhang beider Feste veranschaulicht wurde: Christus hat sich (an Himmelfahrt) von seinen Gefolgsleuten entfernt, um dann (an Pfingsten) als Heiliger Geist allen Menschen nah zu sein.

Die Volksfrömmigkeit schrieb vor, am Festtag nur „fliegendes Fleisch" zu essen, damit man auch zu Hause der Himmelfahrt Christi gedachte. Regional, zum Beispiel in Köln, wird heute noch Gebäck in Vogelform hergestellt.

In der katholischen Kirche finden Bittprozessionen um gute Ernte und um Hilfe in den Nöten der Welt statt. Anschließend genießt man gern das in der Regel gute Wetter bei Wallwurst und Getränken. Auch in der evangelischen Kirche nutzt man in vielen Gemeinden das frühsommerliche Wetter und feiert einen Gottesdienst unter freiem Himmel. Das Motiv des Unterwegsseins schimmert ebenso in einem volkstümlichen, wenn auch profanen Brauch noch durch: dem Vatertagsausflug, der in seiner heutigen Form – in der Regel: Biertrinken im Grünen – Ende des 19. Jahrhunderts in Berlin aufkam.

Pfingsten

Pfingsten gilt als „Geburtstag der Kirche": Die Jünger werden vom Heiligen Geist erfüllt und belebt, der sie wieder heraustreten lässt aus verschlossenen Räumen, aus Resignation und Zukunftssorgen. Hinzu kommt das Sprachenwunder: Plötzlich kann jeder jeden verstehen. So brechen die Jünger auf, die frohe Botschaft in aller Welt zu verkünden.

Das Herauskommen und Aufbrechen ist ein durchgehendes Motiv des Pfingstbrauchtums, das sich aus biblischer Überlieferung und Jahreszeit ableitet. Nicht von ungefähr liegt das Pfingstfest im Jahreslauf nah am Höhepunkt des Lichtes, in der fruchtbarsten Zeit des beginnenden Sommers.

Den Beginn der Weidezeit feiert man mit dem Auszug oder Almauftrieb des Viehs. Die Tiere, die die Herde anführen, werden mit Blumenkronen festlich geschmückt. Es gibt Reiterspiele, Wettritte, Pfingstturniere und Pfingstgelage. Gelegentlich wird auch noch ein Pfingstfeuer entfacht, das die Flammen des Heiligen Geistes symbolisieren soll. Es gibt Pfingstbräuche, die zeitlich verlegt wurden: Hierzu zählt der Maibaum, der heutzutage in der Nacht zum 1. Mai errichtet wird.

„Der Umzug des Pfingstochsen in Mecklenburg", Holzstich nach Zeichnung von Franz Müller-Münster, 1894

„Herausgeputzt wie ein Pfingstochse"

Der „Pfingstochse", der reich geschmückt mit Blüten, Kränzen und Bändern den Auszug des Viehs auf die Weide anführt, landete früher vielerorts zum Schluss auf dem Grill – eventuell eine Erinnerung an heidnische Tieropfer aus grauer Vorzeit. Geblieben sind zum einen die Ochsen, die sich bei Volksfesten zu Pfingsten am Spieß drehen, zum anderen die Redewendung „geschmückt wie ein Pfingstochse" für übermäßig herausgeputzte Männer. In der Abbildung oben wird in einer mecklenburgischen Kleinstadt der Pfingstochse vom „Hirtenkönig" und seinem „Hofstaat" durch die Straßen geführt.

Das Fest der Pfingsten kommt im Hall der Glocken,
Da jauchzt in Frühlingsschauern die Natur;
Auf jedem Strauch des Waldes und der Flur
Schwebt eine Ros' als Flamme mit Frohlocken.

O Geist, der einst in goldnen Feuerflocken
Aufs Haupt der Jünger brausend niederfuhr,
Von deinem Reichtum einen Funken nur,
Hernieder send' ihn auf des Sängers Locken!

Ich weiß es wohl, nicht würdig bin ich dein;
Doch hast du nie die Tugend ja gemessen,
Der Glaube zieht, die Sehnsucht dich allein.

Der Armen hast du nimmermehr vergessen,
Du kehrtest in der Fischer Hütten ein,
Und an der Sünder Tisch bist du gesessen.

Emanuel Geibel

Neue Wege zum Pfingstfest

Der eigentliche Inhalt des Pfingstfestes, die Ausgießung des Heiligen Geistes, ist in einer weitgehend entkirchlichten Gesellschaft schwer zu vermitteln. Zunehmend gibt es Initiativen, die auch aktuelle Themen mit den biblischen Inhalten verbinden. „Fremde in Deutschland" und „pfingstliches Sprachenwunder" werden in manchen Gemeinden verknüpft, indem man geflüchtete Menschen in Gottesdienste oder zu Gemeindefesten einlädt. Wenn solche Neuanstöße über den kirchlichen Binnenraum hinaus- und in die Gesellschaft hineinwirken und wenn sie sich verstetigen, wird man eines Tages auch sie zum Brauchtum rechnen können.

Die Trinitatiszeit

Das Leben ein Fest

Auf das Dreieinigkeitsfest Trinitatis folgt die „festlose Zeit". Bis zum Erntedanksonntag, an dem die Kirchen wieder so voll sind wie sonst nur an Weihnachten oder Ostern, weist die zweite Hälfte des Kirchenjahrs wenig markante Feste auf. Das mag mit der bäuerlichen Vergangenheit zu tun haben: Den Sommer über bis nach der Ernte gab es auf den Feldern, in Garten und Haus viel zu tun, um sich für die nächste kalte Jahreszeit zu rüsten. Und schließlich ist doch der Sommer, die Zeit des Lichts, der Wärme und Fülle, schon für sich ein Fest.

Trinitatis

Im Mittelpunkt des Trinitatis- oder Dreieinigkeitsfestes steht das größte Geheimnis der Christenheit – die theologische Aussage: Gott als Vater, Sohn und Heiliger Geist ist Einer in drei Erscheinungsformen. Mit Bildern und Symbolen versuchen wir, die Trinität zu begreifen. Das Wasser liefert ein anschauliches Beispiel: Ein und dieselbe Substanz tritt in drei verschiedenen Aggregatzuständen auf – flüssig, fest und gasförmig. Seit dem Mittelalter ist auch das gleichseitige Dreieck als Symbol für Vater, Sohn und Geist bekannt.

Da die Trinitatistheologie reichlich abstrakt ist, hat sie kein eigenes Brauchtum entwickelt. Wohl gibt es volkstümliche Bezeichnungen für Trinitatis, zum Beispiel „Kräutersonntag", weil an diesem Tag Heilkräuter gesammelt wurden. „Goldener Sonntag" geht auf ein überliefertes Märchen zurück, in dem ein Jüngling die goldene Wunderblume sucht, die Berge öffnen, Jungfrauen erlösen und Schätze finden kann. Wenn wir das Märchen auf unser christliches Leben übertragen, dann vermag der Glaube Berge zu versetzen und zu helfen, himmlische Schätze zu finden.

Die Dreieinigkeit als Gnadenstuhl: Gottvater hält den Gekreuzigten, darüber der Heilige Geist in Gestalt einer Taube. Epitaph aus dem Bremer Dom-Museum, 1549

Blumenteppich auf dem Weg der Fronleich-
namsprozession in Wilnsdorf, Siegerland

Der Name dieses rein katholischen Festes ist auf das mittelhochdeutsche Wort „vrônlicham" zurückzuführen; es bedeutet „der heilige Herrenleib". In Gestalt der geweihten Hostie wird der Leib des Herrn in feierlichen Prozessionen durch Stadt und Land, Flur und Wald getragen.

Fronleichnam ist dem Gedächtnis an die Einsetzung des Abendmahls am Gründonnerstag gewidmet. Nach einer Vision der Augustinernonne Juliana aus Lüttich im 13. Jahrhundert fehlte dem Mond eines Nachts eine Ecke. Die Ordensfrau nahm dies zum Zeichen, dass im Reigen der kirchlichen Feiertage eine Lücke zu schließen wäre. Daraus entstand das Fronleichnamsfest. 1246 wurde es zum ersten Mal in Lüttich gefeiert. Mit dem Hochfest verbanden sich dann die bereits vorher üblichen sommerlichen Flurgänge zu feierlichen Prozessionen. Die Wege sind mit Blumen, Birkenreis und anderem Grün geschmückt. Im 15. Jahrhundert wurden Kostümierte, die biblische Szenen darstellten, in die Prozessionen eingefügt.

Im bayrischen und österreichischen Volksmund heißt Fronleichnam auch „Hoffarts-" oder „Prangertag". Früher putzten sich die Mädchen mit weißen Kleidern wie zur „Brautschau" heraus. Ihr Haar wurde besonders kunstvoll gesteckt und geflochten, meist trugen sie Kränze aus Heilkräutern. Zu Mittag gab es dann Schmalzgebäck, die „Jungfernnudeln".

Die Evangelischen und Fronleichnam

Für Martin Luther war Fronleichnam das „allerschändlichste Jahresfest". Prozessionen waren ihm gotteslästerlich. An Fronleichnam schieden sich fortan die katholischen und protestantischen Geister. Noch nach dem Zweiten Weltkrieg konnte es passieren, dass in evangelisch geprägten Regionen die Landwirte entlang der Prozessionswege ihren Mist ausbrachten, um ihrem Unmut über derart fremde Bräuche Luft zu machen. 1949 entzog man derlei Flegeleien den Boden, als einige Bundesländer Fronleichnam zum gesetzlichen Feiertag erklärten. Von protestantischem Widerstand gegen einen zusätzlichen arbeitsfreien Tag wissen die Chronisten naturgemäß nichts zu berichten.

Johannistag – 24. Juni

Der Mittsommertag, an dem die Sonne ihren höchsten Stand erreicht, wurde schon in vorchristlicher Zeit gefeiert. Die Kirche hat ihn mit dem Geburtsfest Johannes des Täufers besetzt, der nach biblischer Überlieferung sechs Monate vor Jesus zur Welt kam. So wie ab Mittsommer die Nächte stetig länger und die Tage wieder kürzer werden, sagt Johannes über Jesus und sich selbst: „Er muss wachsen, ich aber muss abnehmen" (Johannes 3,30). Katholiken feiern Johanni als Hochfest, aber auch im Evangelischen Gottesdienstbuch ist der Feiertag zu finden.

Im Brauchtum zu Johannis spielen – passend zur Jahreszeit – Blumen und Kräuter eine wichtige Rolle. Die echte Arnika heißt im Volksmund „Johannisblume", die Königskerze ist die „Johanniskerze" – beides Pflanzen, die für die Hausapotheke gesammelt wurden.

Johanniskronen und -kränze galten im Volksglauben als Glücksbringer. Sie werden aus sieben oder neun Pflanzen gewunden: Farnkraut, Eichenlaub, Johanniskraut (Bild oben), Bärlapp, Beifuß, Klatschmohn, Rittersporn, Kornblumen, Lilien, evtl. Rosen und beliebige grüne Zweige. Eine Kro-

ne oder ein Kranz, mancherorts noch mit Bändern und Kerzen geschmückt, hängt am Festplatz, darunter wird getanzt.

Johanniskuchen wurden früher vor allem im Elsass gebacken. Frisch aus dem Ofen, noch dampfend, trug man sie zu Verwandten und Nachbarn. Die Redewendung vom „Hans Dampf in allen Gassen" stammt daher. In Mecklenburg waren es die Gutsherren, die ihre Bauern mit Johanniskuchen bedachten.

Der bekannteste Brauch zu Johanni ist das Abbrennen des Sonnwendfeuers, europaweit seit dem 14. Jahrhundert belegt. Ein Sprung über das Feuer versprach Schutz vor Krankheit. Wenn sich Liebespaare nach dem Sprung noch an den Händen hielten, würden sie bald Hochzeit feiern.

„Schwedischer Mittsommertanz", Gemälde des Impressionisten Anders Zorn, Öl auf Leinwand, 1897

Feuer und Blumenkränze: Jonines, das Mittsommerfest in Litauen, wird erst am 24. Juli gefeiert. In der Nacht davor werden die Sonnwendfeuer entfacht. Christliche und vorchristliche Tradition gehen Hand in Hand

Mariä Himmelfahrt – 15. August

Als Christus seine verstorbene Mutter heimholen wollte, so erzählt es die mittelalterliche „Legenda aurea", breitete sich ein wundervoller Duft nach Blumen und Kräutern aus. In den volkstümlichen Bezeichnungen für diesen katholischen Feiertag – „Maria Würzweih" oder „Büschelfrauentag" – mischen sich Elemente der Heiligenlegende mit der Hochblüte der Natur im August. Kräuterbuschen und Würzbüschel werden gebunden und im Festgottesdienst gesegnet. Die Arrangements enthalten Königs- bzw. Johanniskerze als Zepter in der Mitte, Thymian, Rosmarin, Johanniskraut, Schafgarbe, Arnika, Kamille, Baldrian, Basilikum, Malve, die heimischen Getreidearten, Klee, Frauenmantel, Augentrost, Salbei, Tausendgüldenkraut, Nelke sowie alle erdenklichen Gartenblumen. Wenn ein Gewitter aufzog, entnahm man dem Buschen ein paar Kräuter und verbrannte sie im Herdfeuer, um Blitzschäden fernzuhalten.

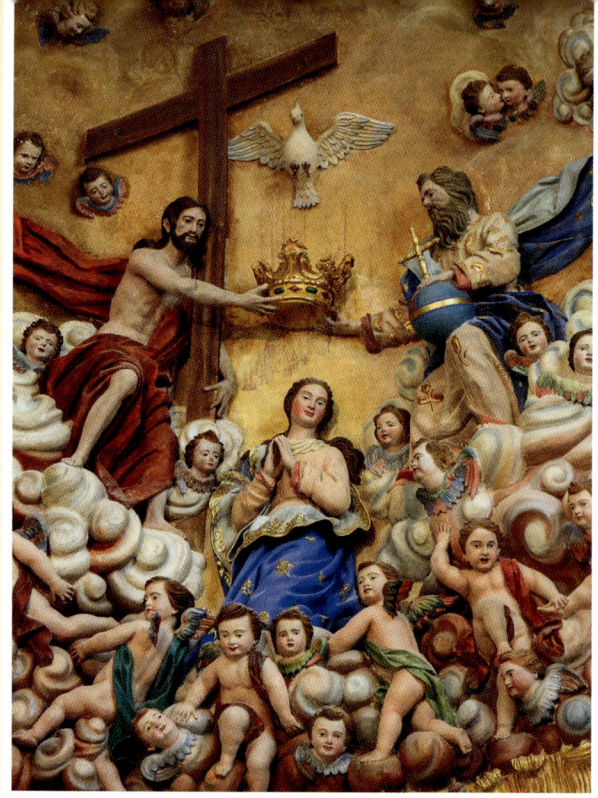

Maria und die Heilige Dreieinigkeit in der Kathedrale von Burgos, Spanien

Wer ist Maria für uns?

Protestanten rümpfen zuweilen die Nase über die katholische Marienverehrung. Dabei hat Luther selbst Maria als Magd des Herrn, die aus dem Hören des Gotteswortes gelebt hat, hoch geschätzt. Der schönste Kirchenbau des deutschen Protestantismus, die Dresdener Frauenkirche, ist nach Maria benannt. Der Lobgesang der Maria – „Meine Seele erhebt den Herrn …" (Lukas 1,46-55) – steht im Psalmenteil des Evangelischen Gesangbuchs und zählt zu den wichtigsten Bibeltexten auch des Protestantismus. Nicht zuletzt ist zu bedenken, was die Wertschätzung der Maria in einer männerdominierten Welt für viele Frauen über Jahrhunderte hinweg bedeutet haben muss. In ihrem Alltag voll Arbeit und Sorge fanden sie in der Gestalt der Gottesmutter Trost und Hoffnung.

Nach biblischer Überlieferung ist der Erzengel Michael der Bezwinger des Drachen Satan. Von Andernach bis Zeitz führen viele Städte den Erzengel im Stadtwappen, und Kirchen wie der Hamburger „Michel" sind nach ihm benannt. Im Volksglauben wägt Michael beim Jüngsten Gericht die Seelen nach guten und bösen Taten.

„Mariä Lichtmess bläst das Licht aus, Sankt Michael zündet's wieder an" – ab Michaelis und bis Mariä Lichtmess (s. S. 31) wurde bei künstlichem Licht gearbeitet.

Um Michaelis findet im Alpenland noch heute der Almabtrieb statt. Die Leitkuh wird mit Kränzen und Kräutern geschmückt; die zuletzt vor dem Abtrieb gemolkene Milch bekamen früher die Armen. Nach der Rückkehr des Viehs feierten die Bauern einen Dankgottesdienst und trafen sich zum Festessen. Jahrmärkte mit Schaustellern und Karussells waren zu Michaelis üblich. Abgesehen vom ländlichen Brauchtum, das heute vor allem als touristischer Event vermarktet wird, hat Michael in seiner Funktion als Schutzengel erneut Einzug in unser Leben gehalten. Ob Schutzengelbücher, -kalender, Holz- oder Bronzeengel zum Aufstellen: Engel als greifbare, sichtbare und aufstellbare Mittler zwischen Himmel und Erde haben Hochkonjunktur – auch bei Menschen, die sich vom christlichen Glauben längst abgewendet haben.

Erzengel Michael am Koblenzer Tor in Bonn

Die touristische Seite des Brauchtums wird beim Almabtrieb überdeutlich. Nicht selten sind beträchtlich mehr Menschen anzutreffen als Kühe

Kirchweihfest

In die Zeit zwischen Michaelis und Erntedank fällt in der Regel das Kirchweihfest. Es erinnert an die feierliche Übergabe bzw. Weihe gottesdienstlicher Gebäude und Räume und ist sozusagen das „Tauferinnerungsfest" einer Kirche. Die katholische Kirche pflegt noch heute Weiheriten aus vergangenen Zeiten: das Waschen und die Salbung von Wänden, Portal und Altar sowie das Besprengen des Kirchengebäudes außen und innen mit Weihwasser. Die evangelische Kirche begnügt sich mit einem festlichen Gottesdienst.

Wie's früher war – Kirchweihfest auf dem Dorf

Mancher erinnert sich noch an Sackhüpfen, Tauziehen, Eierlaufen und Wettklettern. Auf dem Kirmesplatz stand eine entastete, geschälte Tanne. Unterhalb des Gipfels hing ein Metallreif oder Kranz, der hochgezogen oder herabgelassen werden konnte. Am Kranz waren viele begehrenswerte Alltagsgegenstände und Süßigkeiten befestigt. Die Kinder durften um die Wette am Stamm hochklettern und so viele Sachen abnehmen, wie sie erreichen und tragen konnten. Wer die meisten Teile ergattert hatte, war der Sieger.

Das Kirchweihfest hatte schon immer auch eine profane Seite mit Marktständen, Bierausschank, Nachrichtenbörse, Gauklerauftritten. All das war der Kirche ein Dorn im Auge, und das Volk ließ auch die Kirchweih im Nachbarort nicht aus, sodass die Obrigkeit sich sorgte, man käme aus dem Feiern gar nicht mehr heraus. Dies ist der Grund, weshalb in Bayern im 19. Jahrhundert der dritte Sonntag im Oktober zum allgemeinen Kirchweihfest erklärt wurde. Seine kirchlichen Ursprünge leben fast nur noch in der Bezeichnung fort: „Kirbe" oder „Kerb" im Fränkischen, „Kerwe" in der Pfalz, „Karkmess" im Norddeutschen – am verbreitetsten ist sicherlich „Kirmes", die „Kirch-Messe".

Kirchweihfeste wurden und werden oft mit Erntedank verbunden. Zum Brauchtum gehört das Gedenken an die Verstorbenen, um sie mit in die Festfreude einzubinden. Auch das Schützenwesen hat hier seinen festen Platz. Tanz und Musik, Geselligkeit, Umzüge, Festzelte, Fahrgeschäfte – all das zählt bis heute zu den unverzichtbaren Elementen der Kirmes.

Bei Spaß und Sinnenfreuden im Schatten des Kirchturms gediehen auch die zwischenmenschlichen Beziehungen zum Nachbardorf

Franziskustag – 4. Oktober

Manche Klöster und Kirchengemeinden veranstalten ein jährliches Franziskusfest für Kinder und Jugendliche. Sie können dort Gemeinschaft erleben, ihren Glauben feiern und sich mit der Nachfolge Jesu am Beispiel des heiligen Franziskus beschäftigen. Der Gedenktag wird nur von Katholiken begangen, doch als Inbegriff für ein Leben in selbst gewählter Armut, das dem Frieden, der Gerechtigkeit und der Bewahrung der Schöpfung verpflichtet ist, gilt Franz von Assisi über alle konfessionellen Grenzen hinweg als Vorbild.

Georg Schrimpf, „Franz von Assisi predigt den Vögeln und Fischen", Holzschnitt, 1918

In Assisi in Mittelitalien, der Wirkungsstätte des Bettelmönchs und Friedensapostels, findet alle paar Jahre ein interreligiöses Friedenstreffen statt, zu dem Religionsführer aus aller Welt eingeladen sind. An der Abschlussveranstaltung des bisher fünften Treffens 2016 nahmen Papst Franziskus, 500 Vertreter unterschiedlicher Glaubensgemeinschaften und Tausende Gläubige teil.

Erntedank

Jahr für Jahr mühen wir Menschen uns um Aussaat und Ernte und arbeiten auf vielfältige Weise für den Lebensunterhalt. Aus der Erkenntnis, dass alle guten Gaben letztlich von Gott geschenkt sind, feiern wir Christen das Erntedankfest.

Wir wissen, dass nichts selbstverständlich ist. Wir haben Gründe genug, uns zu freuen, zufrieden und dankbar zu sein für das, was aus dem Zusammenspiel von Gottes Segen, den Kräften der Natur und der menschlichen Arbeit geworden ist. So wird Erntedank auch zum Lebensdank, wenn wir Bilanz ziehen und „die Spreu vom Weizen trennen".

Schon das 1. Buch Mose berichtet von den Ernteopfern der Brüder Kain und Abel. Das spätere Judentum kennt zwei Erntefeste im Jahr: für die Getreideernte zu Pfingsten und für die Weinernte im Herbst. Erntedank in der uns bekannten Form wird schon seit dem 3. Jahrhundert gefeiert – in der Regel am ersten Sonntag nach Michaelis.

Außerkirchliches ländliches Brauchtum wie Festessen und Tanz sind im Lauf der Zeit fast verschwunden. Dafür zählen Erntedankgottesdienste auch heute noch zu den bestbesuchten im Kirchenjahr. Die Menschen, darunter viele Eltern und Kinder, versammeln sich, um Gott zu danken für ihr Zuhause, für Freunde, Arbeit, Bildung. Erntedank ist eine gute Gelegenheit, Kindern den Zusammenhang zwischen den Altargaben und ihren täglichen Mahlzeiten verständlich zu machen.

Hier kann auch das Tischgebet im Kreis der Familie ansetzen. Täglich gesprochen, ist es ein Erntedankfest im Kleinen. Wir halten ein paar Augenblicke inne, spüren vielleicht unseren Appetit und werden uns bewusst, dass viele daran mitwirken, dass wir etwas zu Essen haben. Wir sprechen oder hören Worte, die uns an Gottes gute Gaben erinnern.

Erntedank ist eine gute Gelegenheit, Kindern zu vermitteln, dass ihr Essen nicht einfach aus dem Supermarkt kommt

Wir pflügen, und wir streuen den Samen auf das Land,
doch Wachstum und Gedeihen steht in des Himmels Hand:
der tut mit leisem Wehen sich mild und heimlich auf
und träuft, wenn heim wir gehen, Wuchs und Gedeihen drauf.

Er lässt die Sonn aufgehen, er stellt des Mondes Lauf;
er lässt die Winde wehen und tut den Himmel auf.
Er schenkt uns so viel Freude, er macht uns frisch und rot;
er gibt den Kühen Weide und unsern Kindern Brot.

Matthias Claudius, EG 508,1.3

Erntedankaltäre sind in ganz Mitteleuropa verbreitet. Manche Gemeinden schmücken einen Erntedankwagen mit einer Erntekrone; in vielen Kirchen findet man auch kunstvoll gestaltete Ernteteppiche aus Früchten, Samen, Eiern, Körnern, Obst, Gemüse und Ähren. Die Gaben werden nach dem Fest üblicherweise an karitative Einrichtungen verteilt. – (oben, v. l. n. r.:) Erntedankteppich in der Kirche Johannes der Täufer, Treherz, Baden-Württemberg; Fruchtrad der Landfrauen Wietzendorf, Niedersachsen; Erntedankkrone in Friesenhagen, Westerwald

Den Horizont weiten

Erntedank ist nicht nur Brauchtumspflege, sondern nimmt auch die in den Blick, die sich täglich darum sorgen müssen, wie sie satt werden sollen. Die ungleiche Verteilung der Nahrungsmittel auf der Welt ist nicht einfach eine Laune der Natur. Wir Bewohner der Industrieländer haben sie mitzuverantworten. Wenn wir unsere Agrarüberschüsse zu Dumpingpreisen in arme Länder verkaufen, machen wir gute Geschäfte – und beteiligen uns an der Zerstörung der regionalen Märkte anderswo. Und wenn wir Importwaren zu Spottpreisen im Supermarkt kaufen, nehmen wir dafür billigend in Kauf, dass Menschen in anderen Ländern nicht von dem leben können, was bei ihnen wächst.

Dass Erntedank immer die Mahnung einschließt, mit denen zu teilen, die wenig oder gar nichts haben, ist das eine. Das andere ist der Appell, mit der Schöpfung verantwortlich umzugehen. Auch da gibt es einiges zu tun. Es ist paradox: Unsere Agrarindustrie mit ihrem Einsatz von Dünge- und Pflanzenschutzmitteln ist Gift für die Natur, und es sind ausgerechnet unsere Städte, die zum Beispiel die Artenvielfalt von Insekten und Vögeln erhalten helfen.

Es liegt an uns, gegenzusteuern – damit auch unsere Kinder und Kindeskinder eines Tages Erntedank so feiern können wie die Generationen vor uns.

Ackern und Ernten anderswo: Traditionelles Pflügen mit Ochsen in Südamerika; Reisernte mit Elefanten in Thailand; Gemüseanbau in Äthiopien

Reformationstag – 31. Oktober

Seit 500 Jahren gilt der letzte Oktobertag des Jahres dem Gedächtnis des legendären Thesenanschlags Luthers an der Wittenberger Schlosskirche. Kurfürst Johann Georg II. von Sachsen hat diesen Gedenktag erstmals am 31. Oktober 1667 verbindlich für alle Protestanten angeordnet.

Von Brauchtum am Reformationstag zu sprechen, ist nicht ganz einfach. Natürlich pflegen Protestanten jahraus, jahrein das Gedächtnis der Reformation – aber jede Zeit hat ihr eigenes Bild von Luther und dem evangelischen Bekenntnis hervorgebracht, sodass sich über das Gedenken im Gottesdienst hinaus kein „Brauchtum" entwickeln konnte. So wurde zum 300. Reformationsjubiläum, im Jahr 1817, der deutsche Nationalstolz großgeschrieben – und Luther als Befreier des Vaterlands gefeiert. Zum 400. Jubiläum 1917, im Ersten Weltkrieg, pries man ihn als Inbegriff deutschen Heldenmuts. Und immer spielte die Abgrenzung vom Ka-

Lutherdenkmal in Eisleben

Die „Thesentür" der Schlosskirche von Wittenberg mit dem Text der 95 Thesen Luthers

tholizismus eine große Rolle. Erst die jüngere Zeit, insbesondere das 500. Jubiläum 2017, hat hier erfreulichere Perspektiven hervorgebracht: Nicht die Betonung des Trennenden stand im Vordergrund, sondern die Suche nach Gemeinsamkeiten in Liebe und gegenseitiger Achtung. So nehmen heute auch Vertreter der katholischen Kirche in aller Selbstverständlichkeit an den Reformationsfeierlichkeiten teil.

Reformationstag und Halloween

Halloween am Abend des 31. Oktober hat seinen Ursprung wohl im katholischen Irland, gelangte mit irischen Auswanderern nach Nordamerika und ist von dort seit den 1990er-Jahren wieder nach Europa zurückgekehrt. Der Name ist eine Verkürzung von „All Hallows' Eve", was so viel wie „Vorabend von Allerheiligen" bedeutet. Mit Allerheiligen, einem der sogenannten stillen Feiertage, hat diese Mischung aus Herbst-, Heische- und Verkleidungs-„Brauchtum" allerdings nichts zu tun.

Halloween in Deutschland ist wesentlich das Ergebnis einer gezielten Marketing-Kampagne der Fachgruppe Karneval im Deutschen Verband der Spielwarenindustrie (DVSI), die den Verkauf von Halloween-Kostümen und -Accessoires Anfang der 90er-Jahre massiv propagierte. Mancherorts finden aber auch die Perchten- und Krampuskostüme (s. S. 11) eine willkommene Zweitverwendung – das Dämonentreiben ist unserer Kultur eben im Grundsatz vertraut.

Angesichts des mitunter recht derben Halloween-Treibens stehen evangelische und katholische Christen ziemlich ratlos da. Wohl gibt es immer wieder vereinzelte Versuche, ein positives Potenzial aus Halloween herauszulesen – Licht in der Dunkelheit, die Thematisierung von Angst und Tod, Gemeinschaft – und mit christlichen Vorstellungen überein zu bringen. Doch wer Kindern in Zombie- oder Skelettkostümen mit Lutherbonbons begegnet, wird schnell feststellen, dass hier zwei Welten aufeinandertreffen. Allerdings wäre es ehrlicherweise auch ohne die launige Halloween-Konkurrenz schwierig bis unmöglich, die Jugend für den Reformationstag zu begeistern. Ratsam ist gelassene Koexistenz und die Hoffnung auf nachwachsende menschliche Reife.

Allerheiligen – 1. November

Im Apostolischen Glaubensbekenntnis beten Christen beider Konfessionen: „Ich glaube … an die Gemeinschaft der Heiligen". Am 1. November feiert die katholische Kirche die Vollendung der Heiligen als Hochfest.

Heilig im biblischen Sinne ist alles, was zu Gott gehört: die Schöpfung, das Land, der Tempel, Gegenstände – und auch Menschen. Das klingt sehr katholisch, doch findet sich auch im Augsburger Bekenntnis der Hinweis: „Man soll der Heiligen gedenken, um dadurch seinen eigenen Glauben zu stärken".

Zum Brauchtum an Allerheiligen gehören reicher Blumenschmuck für die Gräber der verstorbenen Angehörigen und Lichter gegen das Dunkel. Wichtig sind auch der Gottesdienstbesuch und der Gang zum Friedhof. In Süddeutschland werden Allerheiligenstriezel oder Seelenzöpfe gebacken, ursprünglich als Geschenk für Kinder und Arme in der Gemeinde.

Heiligengedenken auf Evangelisch

Anders als Katholiken rufen die Protestanten Heilige nicht im Gebet an. Auch das – biblisch nicht begründete – Dogma der Heiligsprechung Verstorbener ist ihnen fremd. Doch in der Wertschätzung der Heiligen treffen sich die christlichen Konfessionen. Die Heiligen zeigen uns verschiedene Wege zu Gott. Wir können uns in ihnen wiederfinden, und alle sind berufen, heilig zu werden. Wir sind hineingenommen in den Fluss des Glaubens durch die Jahrhunderte. Viele waren vor uns, sind mit uns und kommen nach uns auf dem Weg zu Gott. Im Gedenken an die Heiligen sind beide Konfessionen vereint.

Reformationsfest, Allerheiligen und Allerseelen folgen dicht aufeinander. Und bei allen drei Gedenktagen geht es um Rückbesinnung und Verbindung zu den Generationen vor uns: Das Reformationsfest erinnert an unsere Wurzeln in der Bibel und die kritische Betrachtung kirchlicher Traditionen. Allerheiligen stellt uns Vorbilder des Glaubens vor Augen und gemahnt an den eigenen Weg zur Heiligkeit. An Allerseelen gedenken Katholiken der vorausgegangenen Ahnen, Angehörigen, Freunde und Zeitgenossen. Sie alle haben Anteil daran, wie wir geprägt sind, was uns wichtig, lebens- und erstrebenswert erscheint.

Allerseelen ist fest verwurzelt im Volksglauben. Den Lebenden wurde geraten, durch „Armseelspenden", Messebesuch,

Gebete und Fasten noch etwas für die Verstorbenen zu tun. Früher verteilte man Brot an Arme, Kranke, Kinder, Mönche, Nonnen und Dienstboten. Mancherorts stellte man über Nacht kleine Kuchen, Milch oder ein Stück Seelenzopf unter ein „Seelenlicht", damit sich die „armen Seelen" ein wenig von den Fegefeuerqualen erholen könnten.

Heute werden im Allerseelengottesdienst alle Verstorbenen des vergangenen Jahres namentlich genannt, und die versammelte Gemeinde betet für sie. Anschließend ziehen die Gläubigen zu Gräberbesuch und -segnung auf den Friedhof.

Der frühere Seelenkult trieb bisweilen seltsame Blüten. „Seelenbrote" wurden in der Woche vor Allerseelen gebacken und aufgestellt, um die Seelen Gestorbener an den Ort zurückzuholen, wo sie einst gewohnt hatten. Aus ihnen haben sich schon vor langer Zeit die „Lebkuchenspitzln" entwickelt, die noch heute auf dem Dietfurter Spitzlmarkt im bayerischen Altmühltal verkauft werden

Martinstag – 11. November

Das Fest zu Ehren des Sankt Martin ist so beliebt, dass es längst seinen angestammten kirchlichen Binnenraum verlassen und neue Paten gefunden hat: Ob bürgerliche Kommune oder Stadtteilverein, Kindergarten oder Grundschule – wer immer den Umzug mit einem verkleideten Sankt Martin hoch zu Ross organisiert, darf sich über großen Zulauf freuen. Höhepunkt ist stets die Szene, in der Sankt Martin seinen Mantel mit einem frierenden Armen teilt, festlich-musikalisch untermalt vom Posaunenchor oder dem Gesangverein.

Martin von Tours starb am 8. November 397, und doch wird seiner erst drei Tage später gedacht. Die Verlegung ist darin begründet, dass der 11. November immer schon ein Festtag war, allerdings kein kirchlicher. Man feierte das Ende des bäuerlichen Wirtschaftsjahrs, gewissermaßen als zweites Erntefest.

Eine besondere Form des Laternenumzugs ist das Martinisingen am 10. November. Im Nachgang zur 300-Jahr-Feier der Reformation 1817 widmeten die Protestanten in Ostfriesland das Martinsfest in ein Geburtstagsständchen zu Ehren Luthers um. Kinder ziehen mit „Kippkappkögeln", Laternen aus ausgehöhlten Zuckerrüben, von Haus zu Haus und singen Martinslieder. Dieser Brauch hat sich bis nach Westfalen ausgebreitet.

Durch die Straßen, auf und nieder,
leuchten die Laternen wieder,
rote, gelbe, grüne, blaue:
lieber Martin, komm und schaue!

Überliefert

„Die Gams im Freien übernachtet, /
Martini man die Gänse schlachtet", be-
schreibt das „Naturgeschichtliche Alpha-
bet" von Wilhelm Busch den Buchstaben
M. Auf dem Lande begann mit dem Martinstag die Zeit der Schlachtfeste; in manchen Regionen bekamen die Helfer bei
der Weinernte eine „Lesgans" als Lohn.
In den gebackenen Martinsgänsen aus
süßem Hefeteig lebt diese Tradition fort.

Martin von Tours hat seinen Mantel mit einem Armen geteilt. So ist auch
das Martinsfest immer schon Anlass
für Arme und später die Kinder aus der
Nachbarschaft gewesen, ihren Anteil zu
„erheischen". Martinsbrezeln bürgerten
sich ein, auch Martinsbrot und Weckmänner, an Rhein und Ruhr Stutenkerl
genannt.

*Nach einer Legende versteckte sich Martin
von Tours in einem Gänsestall, als man ihn
zum Bischof machen wollte, denn er hielt sich
des Amts für unwürdig. Mit ihrem Geschnat-
ter haben die Gänse ihn verraten. Die Gans
ist seither ein beliebtes Attribut des Heiligen.
Skulptur vor der katholischen Kirche St. Martin in Waldsee, Rheinland-Pfalz*

Bischöfliche Pfeifenraucher

Die Weckmänner, die für Bischof Martin stehen, tauchen gelegentlich völlig unverändert
um den 6. Dezember von Neuem in den Auslagen der Bäckereien auf – als Bischofs-
kollege Nikolaus. Beide Gebildbrote sind mit einer eingebackenen Tonpfeife ausge-
stattet. Warum? – Einiges spricht für folgende Erklärung: Stellt man die Pfeife auf
den Kopf, erinnert sie an einen Bischofsstab. Und der war bis ins 17. Jahrhundert
hinein tatsächlich Teil des Backwerks. Als aber das Tabakrauchen Mode wurde
und die Pfeifenmanufakturen aus dem Boden schossen, ließen die Bäcker in den
evangelischen Regionen den Bischofsstab weg und buken eine Tonpfeife ein, um
das Backwerk konfessionell zu neutralisieren. All dies bleibt zwar eine Vermutung,
aber die ist so charmant, dass man sie für wahr halten möchte.

Buß- und Bettag

Der Buß- und Bettag ist ein Feiertag der evangelischen Kirche. Er findet immer am Mittwoch vor dem letzten Sonntag im Kirchenjahr statt. Der erste, kaiserlich verordnete Buß- und Bettag ist auf das Jahr 1532 datiert und wurde in Straßburg begangen – mitten in den sogenannten Türkenkriegen. Untergangsängste und Katastrophenszenarien haben die Menschen zu allen Zeiten dazu bewegt, sich auf Gott zu besinnen.

Darin liegt auch die Chance, die eigene Beziehung zu Gott neu zu beleben.

In den Evangelien fordert Jesus die Menschen immer wieder zur Abwendung von Sünde, zu Umkehr und Buße auf. Es geht ihm dabei in erster Linie um die Antwort des glaubenden Menschen auf Gottes vorausgehendes Gnadenangebot. Der düstere Klang von Drohung, Strafe und Gericht hat sich erst im Lauf der Geschichte in die Worte „Umkehr und Buße" eingeschlichen.

Mit dem Vers „Gerechtigkeit erhöht ein Volk; aber die Sünde ist der Leute Verderben" (Sprüche 14,34) ist der Buß- und Bet-

Das Nagelkreuz ist ein eindrucksvolles Symbol, das die Erinnerung an die Zerstörung der Kathedrale von Coventry im Zweiten Weltkrieg wachhält. Zugleich ist es Erinnerungszeichen der Nagelkreuzgemeinschaft, einem internationalen Netzwerk von Menschen, die sich für Frieden und Versöhnung einsetzen. Beheimatet ist das abgebildete Nagelkreuz in der Berliner Kaiser-Wilhelm-Gedächtnis-Kirche, deren Turmruine selbst zum Friedensmahnmal geworden ist

tag überschrieben. In dreierlei Weise soll er begangen werden: Die Kirche tritt, für die Gläubigen bittend, vor Gott. Sie bedenkt die Sünden der Zeit in der ganzen Welt und bittet Gott um Orientierung. Schließlich bittet jeder Einzelne, sein Gewissen erforschend, um Vergebung und um göttliche Gnade.

Traditionelles Brauchtum wie bei anderen Festen gibt es zum Buß- und Bettag nicht. Üblich sind abendliche Gottesdienste in evangelischen Kirchen und die Gemeinschaftsbeichte.

Die sogenannte Atombombenkuppel in Hiroshima. Nach dem Atombombenabwurf am 6. August 1945 blieb das Gebäude einsam in der Trümmerlandschaft stehen und wurde im damaligen Zustand als Friedensdenkmal konserviert

Wege zum Frieden

Seit 1980 gibt es hierzulande, angeregt durch die „Friedenswoche" in den Niederlanden, die ökumenische Friedensdekade. Sie umfasst die zehn Tage zwischen dem drittletzten Sonntag und dem Buß- und Bettag. Die Friedensdekade hat von Anbeginn den Zusammenhalt der Gläubigen in Ost und West gestärkt und das Thema Frieden in ökumenischer Breite zum Schwerpunkt im ausgehenden Kirchenjahr gemacht. Besondere Gottesdienste und kirchliche Aktionen vertiefen das christliche Friedenszeugnis und schärfen das Bewusstsein der Menschen für Wege zu mehr Gerechtigkeit, zum Weltfrieden und zur Bewahrung der Schöpfung.

Ewigkeitssonntag

Das Kirchenjahr geht zu Ende. Das Fallen der Blätter erinnert an die eigene Begrenztheit und Vergänglichkeit. Die Zeit mit ihren kurzen und manchmal neblig-trüben Novembertagen ist gestimmt aufs Loslassen und Zur-Ruhe-Kommen.

Nachdem die Reformatoren den Allerseelentag mit dem katholischen Totenkult abgeschafft hatten, wurde der Wunsch nach einem Totengedenken in der evangelischen Kirche laut. König Friedrich Wilhelm III. von Preußen ordnete 1816 per Kabinettsbeschluss am letzten Sonntag im Kirchenjahr ein „Kirchenfest zur Erinnerung an die Verstorbenen" an.

Erinnerung und Hoffnung gehören zusammen: Das Andenken an die Verstorbenen ist stets verbunden mit der Hoffnung auf ein Leben nach dem Tod. Ob unter dem Namen Ewigkeitssonntag, Gedenktag der Entschlafenen oder Totensonntag – immer geht es darum, beiden

Lehre uns bedenken,
dass wir sterben müssen,
auf dass wir klug werden.

Psalm 90,12

Anliegen gerecht zu werden. Getragen von der Gemeinschaft der Mitchristen schauen wir zurück auf die, die uns vorangegangen sind, und blicken voraus auf unser eigenes Gehen.

Im Gottesdienst werden die Verstorbenen des vergangenen Kirchenjahrs namentlich genannt. Auch wird der Opfer von Unglück, Terror und Krieg gedacht. Im Anschluss gehen viele auf den Friedhof und schmücken die Gräber ihrer Toten mit Blumen.

Herbst

Die Blätter fallen, fallen wie von weit,
als welkten in den Himmeln ferne Gärten;
sie fallen mit verneinender Gebärde.
Und in den Nächten fällt die schwere Erde
aus allen Sternen in die Einsamkeit.
Wir alle fallen. Diese Hand da fällt.
Und sieh dir andre an: es ist in allen.
Und doch ist Einer, welcher dieses Fallen
unendlich sanft in seinen Händen hält.

Rainer Maria Rilke

Den Tod annehmen

Der Tod, der eigentlich unser ständiger Begleiter ist, wird in unserer Gesellschaft oft verdrängt und tabuisiert. Die Kunst des Sterbens, wie sie im Mittelalter gelehrt wurde, haben wir weitgehend verlernt. Sie empfiehlt dem Menschen, sich der Lebenswirklichkeit zu stellen – der Freude, aber auch der Endlichkeit und dem Tod. Denn wir können das Leben intensiver und erfüllter wahrnehmen, wenn wir es vom Ende her bedenken. Die Hoffnung auf ein Leben nach dem Tod betrifft uns nicht erst in irgendeiner Zukunft, sondern eröffnet uns schon jetzt eine neue Perspektive: Auf dass wir nicht nur in den Tag hineinleben, sondern „klug werden" aus dem Wissen, dass auch wir endlich sind.

Christkönigsfest

Protestanten hierzulande beschließen das Kirchenjahr mit dem Ewigkeitssonntag, viele lutherische Kirchen im englischen Sprachraum und die katholische Welt begehen das Christkönigsfest. 1925 von Papst Pius XI. eingeführt, ist es ein vergleichsweise junges sogenanntes Hochfest. Es beendet das Kirchenjahr mit dem Ruf: „Christus Sieger, Christus König, Christus Herr in Ewigkeit." (Gotteslob Nr. 560) Und der Neubeginn mit dem neugeborenen König schimmert in der folgenden Adventszeit schon durch. Christus geht in jedem Kirchenjahr aufs Neue unsere Wege mit, und wir sind gerufen, ihm zu folgen, den „Königsweg" zu gehen. Dies betrifft letztlich beide christlichen Konfessionen, evangelische wie katholische Gläubige.

Jesus als Regent auf dem Thron. Fresko in der Herz-Jesu-Kirche im Berliner Ortsteil Prenzlauer Berg

Im

Der Rhythmus des Jahres ist immer der gleiche, und doch erleben wir jedes Jahr wieder ganz neu. Die Fülle an Festen im Jahreskreis – und wie sie fallen – spiegelt das menschliche Leben in seiner ganzen Vielfalt und Buntheit im Lichte Gottes.

Die Themen der Feste sind Geburt und Tod, Freude und Leid, Jubel und Schmerz, Anfang und Ende, Arbeit und Ruhe, Bitte und Dank, Entsagung und Fülle, Abschied und Wiederkehr. Und die Heiligen, Menschen wie du und ich, sind Leuchten auf unserem Weg durch das Jahr und die Zeit.

Freuen wir uns an dem, was beim Feiern der Feste, wie sie fallen, uns „zufällt" – an Gemeinschaft, an Begegnungen, an Erkenntnissen und Impulsen für unser Leben.

Jahreskreis

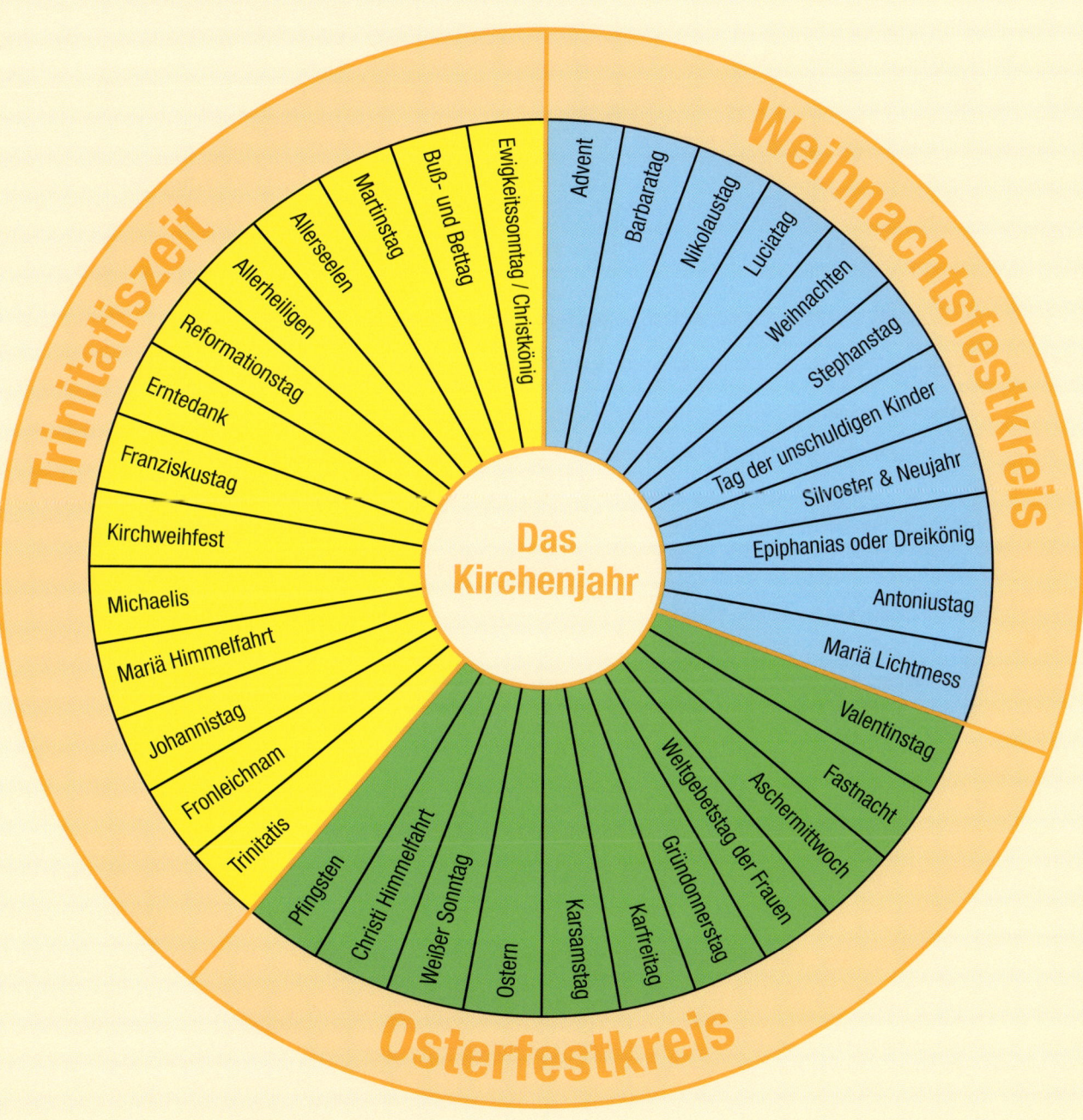

Weihnachtsfestkreis

- Advent
- Barbaratag
- Nikolaustag
- Luciatag
- Weihnachten
- Stephanstag
- Tag der unschuldigen Kinder
- Silvester & Neujahr
- Epiphanias oder Dreikönig
- Antoniustag
- Mariä Lichtmess

Trinitatiszeit

- Ewigkeitssonntag / Christkönig
- Buß- und Bettag
- Martinstag
- Allerseelen
- Allerheiligen
- Reformationstag
- Erntedank
- Franziskustag
- Kirchweihfest
- Michaelis
- Mariä Himmelfahrt
- Johannistag
- Fronleichnam
- Trinitatis

Das Kirchenjahr

Osterfestkreis

- Pfingsten
- Christi Himmelfahrt
- Weißer Sonntag
- Ostern
- Karsamstag
- Karfreitag
- Gründonnerstag
- Weltgebetstag der Frauen
- Aschermittwoch
- Fastnacht
- Valentinstag

Die Autorin

Marliese Walter, geb. 1945, Gestaltpädagogin; Trauerbegleiterin; über 40 Jahre ehrenamtliches Engagement in der Kirchengemeinde Schwendi/Oberschwaben in den Bereichen Frauen-, Senioren-, ökumenische Hospiz- und Bibelarbeit.

Textnachweis

Die Bibelzitate sind entnommen aus: Lutherbibel, revidierter Text 2017. © 2016 Deutsche Bibelgesellschaft, Stuttgart.

Bildnachweis

© Agentur des Rauhen Hauses Hamburg 2018
www.agentur-rauhes-haus.de

Satz und Gestaltung: Anne Kuhn, Ludwigsburg
Printed in Germany
ISBN 978-3-7600-1724-2
Best.-Nr. 1 1724-2